mdv

# Die Jurte
# Eine Reise ans Ende der Welt

erzählt von Horst Peterson
fotografiert von Steffen Lehmann
herausgegeben von Jürgen Petry

mdv Mitteldeutscher Verlag

**Danksagung**

Mein Dank geht an meinen Freund und Herausgeber Jürgen Petry, der mir während der Arbeitsphase immer mit Tat und Rat beiseite gestanden und mir in für mich schwierigen Phasen ein wenig die Hand geführt hat.
Mein besonderer Dank gilt Frau Marion Klepzig, ohne deren Fleiß und Akribie das Buch nie geschrieben worden wäre. Herzlich danke ich Frau Anne Kundt, die die undankbare Aufgabe hatte, es lektorieren zu müssen.
Meinen Mitreisenden danke ich dafür, daß sie die sehr persönlichen Aussagen hingenommen haben.

Die Deutsche Bibliothek – CIP-Einheitsaufnahme

**Peterson, Horst:**
Die Jurte: eine Reise ans Ende der Welt / erzählt von Horst Peterson. Fotogr. von Steffen Lehmann. Hrsg. von Jürgen Petry. – Halle, S. : mdv, Mitteldt. Verl., 1999
ISBN 3-932776-83-6

## Inhaltsverzeichnis

## Vorwort

Was kann fünf Männer und eine Frau, alle dem Alter von Jugendabenteuern entwachsen, dem von Jugendträumen vielleicht noch nicht ganz, dazu veranlassen, den kostbaren Urlaub ausgerechnet in der Mongolei zu verbringen? Da gibt es doch heute sicher attraktivere Reiseziele, bedeutendere auf jeden Fall. Das ist nun ein Land in Asien, mit dem unsere Vorstellung sehr wenig verbindet. Nichts äußerlich Attraktives wie in Singapur oder Hongkong, nichts Geheimnisvolles wie in Indien oder China, keinen Bürgerkrieg wie in Sri Lanka und keine Hungersnot wie in Nordkorea. Auch berühmte Bauten fallen einem nicht ein, eher schon die bescheidene Jurte, und aus der Schulzeit ist vielleicht noch die Wüste Gobi im Gedächtnis, das muß dort unten irgendwo gewesen sein ...

Dabei waren uns Mongolen schon einmal ganz nahe. Da waren sie allerdings unter Dschingis Khan schon bis nach Liegnitz gelangt und machten Anstalten, erst am Atlantik halt zu machen. Es war Zufall, daß daraus nichts wurde. Mit der Furcht vor den Reiterheeren wurde auch deren Heimat wieder vergessen.

Also blieb am Reiseziel der Gruppe die eigentliche Attraktion, etwas völlig Neues erleben zu können. An dieser Stelle ist zu bemerken, daß einer aus der Reisegruppe doch schon aus früheren Besuchen wußte, was in etwa zu erwarten war. Ganz offenbar reichte die eigene Begeisterung aus, um die fünf anderen, alles gestandene Geschäftsleute, weit gereist und viel herumgekommen, zum doch eher ungewöhnlichen Reiseziel zu überreden.

Eines brachten alle mit: Bereitschaft und Toleranz, nicht nur zu akzeptieren, sondern auch zu verstehen, was ihnen an Fremdem und Eigentümlichem auch begegnen würde. Es war die eigentliche Überraschung dieser Reise, wie leicht dieses Verstehen fiel. Sie erlebten Menschen im natürlichen Umgang mit ihrer Umwelt. Einem Umgang mit der Natur, der nicht aus gönnerhafter Rück-

besinnung besteht, sondern aus der lebensnotwendigen Erkenntnis, daß man der Umwelt, als deren Teil man lebt, Respekt schuldet und daß man geben muß, wenn man nehmen will.
Nach drei erlebnisreichen Wochen ließen sie fremde Menschen als Freunde zurück, gingen selbst als Freunde, nachdenklich darüber, wie verschieden die Bräuche der Menschen und ihre Gewohnheiten sind und wie nahe die Wurzeln von allem.

*Bernd Härtner* Leipzig, den 26. November 1998

## Das große „Komplott“

„Auf wirkliche Abenteuer kann man sich nicht vorbereiten. Man gerät in sie hinein wie in ein Naturereignis.“ Das ist nicht von mir. Ich habe es von einem viel gelesenen Autoren „geborgt“. Er wird es verschmerzen. Selbst neigte ich nicht zu Abenteuern. Gleich welcher Art. Risiken pflegte ich stets lange und gründlich abzuwägen. Vielleicht mieden mich Abenteuer deshalb bisher und ich mied sie. Risiken brauchte ich nicht auszuweichen, denn immer dann, wenn ich den Entschluß faßte, eins einzugehen, war es keines mehr. Damit bin ich gut gefahren – in meinem bisherigen Leben.
Doch schon Schiller sagte: „Es kann der Frömmste nicht in Frieden leben, wenn es dem bösen Nachbarn nicht gefällt.“ Nur waren diejenigen, die das jetzt zu beschreibende „Komplott“ gegen mich schmiedeten und damit das größte Abenteuer meines Lebens auslösten, keine bösen Nachbarn. Es waren mein ältester Freund, meine geliebte Ehefrau und unser von uns mühevoll, aber mit mäßigem Erfolg erzogener Sohn. Dazu noch einige „Hilfswillige“.

Alles begann harmlos. Eines Abends, es war im Januar 1997, besuchte uns Freund Jürgen Petry in unserem Siegerländer Häuschen. Wir kennen uns von den ersten gemeinsamen Schultagen in Löbnitz, einem mittleren Muldendorf an den Ausläufern der Dübener Heide. Beide hat es uns relativ früh in andere Gegenden verschlagen. An unserer Freundschaft hat das wenig geändert. Sie hat die Stürme der Zeit überstanden. Und da waren einige darunter, die mehr zerstört haben als verlängerte Kinderfreundschaften.
Heute ist Petry Geschäftsführer des „Leipziger Kommissions- und Großbuchhandels“ (LKG) im Leipziger Südraum. Ich bin bescheidener Handwerker geblieben – 500 Kilometer entfernt – in Lindenberg im Siegerland.
Mein Freund, das erlaube ich mir zu sagen, gehört zu den Menschen, die eigentlich nichts so ganz richtig können. Aber was er anfaßt, gelingt. Nur so erkläre ich mir, daß aus der von ihm mit anderen „übernommenen“ maroden Bücherbude, für die nach der Wende nicht einmal mehr Wessis Anschubfinanzierungen kassieren wollten, eine der wenigen ostdeutschen Vorzeigefir-

men wurde. Na, schön! Ich dagegen lernte lange und gründlich ein solides Handwerk. Doch karrieresüchtig bin ich nicht. „Wer nicht hoch steigt, kann nicht tief fallen“, ist meine Lebensregel.

Dieser Besuch im Januar war sein erster in unserem neu erstandenen Haus und Anlaß dafür, daß – nun sagen wir – ein wenig länger gefeiert wurde. Die zu besichtigenden, traurig leeren Weinflaschen am Morgen danach überstiegen meinen bescheidenen Drei-Flaschen-Vorrat. Der Nachschub, rekapitulierte ich später, mußte aus Petrys Kofferraumbeständen gekommen sein. Er hatte am Vortag für kommende trockene Winterabende noch trocknere Moselflaschen erworben. Einige davon hatten den ersten Abend nicht überlebt. Wenig Stil für alte „Weinvernichter“. Noch weniger für einen Gastgeber. Na, sei's drum. Nach unserem gemeinsamen ausgedehnten Morgenspaziergang fragte mich meine geliebte Gattin hinterhältig, ob ich mich noch an alles gestern Besprochene erinnern könne? „Klar“, antwortete ich schneller und sicherer, als ich vielleicht gesollt hätte. „Oder denkst Du an eine Art Filmriß? Der Abend liegt so klar vor mir, als wären wir noch mitten drin.“ Und Petry bestätigte mit Überzeugungskraft, daß er sich das überhaupt nicht anders vorstellen könne. „Dann ist ja alles bestens. Ich werde Dich zu gegebener Zeit erinnern“, fügte meine Holde hinzu. Ich war offen gestanden froh, daß das Thema damit erledigt zu sein schien. Das albern wissende Grienen meines Erstgeborenen hätte mich allerdings warnen müssen. Dies muß der Moment gewesen sein, in dem in einem der drei Hirne der Komplottgedanke geboren wurde. Der Besucher verabschiedete sich am späten Nachmittag mit der üblichen Versicherung, bald wieder etwas von sich hören zu lassen.

Was dann an einzelnen „Merkwürdigkeiten“ folgte, konnte ich lange Zeit nicht zu einem Bild zusammensetzen. Die erste traf mich unerwartet einige Wochen später. Für mich unbegreiflich, verweigerte mir mein ansonsten arbeitnehmerfreundlicher Chef den Urlaub zu unserem Hochzeitstag. Das war nicht nur ungewöhnlich, sondern unfair. Von einer Arbeitsüberlastung in der Firma zur fraglichen Zeit war keine Rede. Warum also? Es gehörte sonst nicht

zu seinem Stil, Leute zu schikanieren. Ich maulte. Meine Frau nahm es überraschend gelassen. „Es wird schon seine Gründe haben", meinte sie. Die hatte es auch. Von ihr in das vorbereitete Komplott einbezogen, hielt er sich nur an die Absprache. „An den da (mich) keinen Urlaub – wofür auch immer – und schweigen."
Als Ersatz für den entgangenen Hochzeitsurlaub schlug mir meine Frau eine Wochenendreise zu unseren tschechischen Freunden in die Nähe von Prag vor. Das war die zweite Merkwürdigkeit. Nicht, daß ich dagegen gewesen wäre. Ich schätze die beiden „Böhmischen". Nur, daß sie die Initiative dazu ergriff, war ungewöhnlich. Sonst bremste sie mich eher.
Die dritte war die Sache mit den Reisepässen. Die müßten wir haben für die Reise gen Prag. Das begriff ich überhaupt nicht. Pässe hatten wir schon seit Honeckers Zeiten – Gott hab sie selig – nicht mehr nach Böhmen gebraucht. Sie behauptete dennoch stock und steif, jetzt müsse man Pässe haben. Unser Zerwürfnis darüber war nur leicht. Mißtrauisch wurde ich nicht. Mir selbst liegt Heimtücke fern. Deshalb brachte ich einen Arbeitskollegen mit nach Hause. Er war gerade aus Prag gekommen und wußte nichts von einem Paß nach dort oder von dort. Doch jetzt wurde meine Jutta richtig grantig. Mein Kollege ging. Ich schwieg. Wir besorgten uns Pässe.
Die vierte Merkwürdigkeit kam an der Grenze. Meine sonst so korrekte Gattin stellte erschreckt fest, sie habe die Pässe vergessen. Zu Hause lägen sie, auf ihrer Frisiertoilette. Ich tröstete sie mit dem Hinweis auf die „ererbte österreichische Schlamperei" der tschechischen Grenzkontrolleure, als die uns anstandslos passieren ließen. Sie machten sich nicht einmal die Mühe, meinen Personalausweis zu monieren.
Wenn mir jetzt nach all dem jemand gesagt hätte, mein Reisepaß läge in der mongolischen Botschaft zu Bonn, ich hätte es nicht geglaubt. So bin ich eben.

Nach zwei entspannenden Tagen kehrten wir etwas müde aus Prag zurück. Angekommen, überraschte ich meinen Sohn, der mit meinem Koffer und allerlei Reisegepäck, wie Schlafsack, Decke etc., die Treppe herunter in Richtung Garage verschwinden wollte. Zur Rede gestellt, behauptete er, daß ich ihm meinen Koffer zu borgen versprochen, dies aber vielleicht vergessen haben könnte? Eine Ungehörigkeit. Aber in Anbetracht der anstrengenden „Reise ins Böhmische“ gab ich resignierend auf und das nicht gegebene Versprechen zu. „Na sieh'ste Papa“, quittierte mein Sohn meine Kapitulation „wohlwollend“. Sein irgendwie wissendes Grinsen reizte mich und blieb mir wohl deshalb länger im Gedächtnis. Aber ein Fünkchen Mißtrauen kam dennoch bei mir nicht auf.

Dann ging alles sehr schnell. Über einige längere Telefongespräche zwischen meiner Frau und Freund Petry wunderte ich mich nicht. Dann kam der entscheidende Tag. Meine geliebte Frau behauptete energisch und kompromißlos, daß sie am 2. Juli 1997 nach Berlin müsse. Es ginge um eine unbedeutende, aber verschleppte Erbschaftsangelegenheit von ihrer netten Tante Tempelhof. Meine Anwesenheit sei erforderlich. Die Tante kannte ich nicht und sagte es. Jutta wurde hektisch. Überhaupt wirkte sie in letzter Zeit gereizt. Deshalb fügte ich mich und sagte nichts weiter. Zwei Tage Urlaub bekam ich diesmal anstandslos. Wir fuhren, wie Jutta es wollte. Siebeneinhalb Stunden später sah ich sie leibhaftig vor mir – die Tante. Es war der imposante Flughafen gleichen Namens in der mir so fremden Stadt Berlin. Vor dem Portal erwartete uns Freund Petry inmitten einer Gruppe. Er und einige mir unbekannte, abenteuerlich gekleidete Typen begrüßten mich altfreudig. Sie beklopften meine Schultern, als kannten sie mich wer weiß wie lange. Sich vorzustellen, hielt niemand für nötig. Was dann mit mir geschah, begriff ich erst nach und nach. Vor mir lief ein Film ab. Darin hatte ich eine Rolle zu spielen. Nur hatte mir niemand das Drehbuch gegeben.

Ich: (zu meiner Frau) „Was ist denn hier los? Wollen die zum Havelberger Pferdemarkt? Wer sind die Typen?“

Meine Frau: (nervös, wie immer, wenn sie im Unrecht war) „Nun hör' aber zu, Liebling, verstell Dich nicht. Die 'Typen', wie Du sie zu nennen beliebst, sind Deine Reisebegleiter. Jürgen wird Euch bekannt machen. Jörg und ich müssen jetzt ...“

Ich: (verblüfft) „Was heißt Reisebegleiter? Wohin sollen wir reisen?“

Meine Frau: „Aber das weißt Du doch. Stell Dich nicht so an. Ihr fliegt in die Mongolei. Dort bringt Jörg Deine Koffer. Hier sind Geld, Paß und Maskottchen. Wir haben doch alles mit Jürgen im Januar besprochen. Jetzt verstell Dich nicht länger. Du kannst doch nicht behaupten, Du hättest all die Vorbereitungen nicht bemerkt und Dein Freund hat nicht gequatscht!“

Ich: „Irgendwer tickt hier nicht richtig. Was haben wir wann besprochen?“

Mein Sohn: (wieder das wissende Grienen aufgesetzt) „Aber Papa! Jetzt fliegst Du in die Mongolei. Ich hätte es Dir ja abgenommen. Wirklich! Ehrenwort! Aber Du wolltest ja unbedingt selbst ...“

Ich: „Ja, fliegen werde ich. Aber auf die Straße. Spätestens morgen, wenn mein Chef merkt, daß ich nicht aus dem Urlaub zurück bin.“

Sie: „Wirst Du nicht. Habe ich geregelt.“

Ich: (bereits resignierend) „Aber es ist doch nichts vorbereitet.“

Sie: „Alles ist vorbereitet. Es fehlt nichts. Mach's gut und bleib' anständig.“

Ich: (langsam fügen sich Details zu einem Bild) „Wessen Idee war das?“

Mein Sohn: „Deine, lieber Papa. Später frische ich Dein Gedächtnis auf.“

Ich: „Wer bezahlt das?“

Mein Sohn: „N'em geschenkten Barsch schaut man nicht ins Maul, Papa.“ (Daß er ständig diese albernen Sprüche klopfen muß!)

Meine Frau: „Sag' mal, Liebling, hast Du wirklich nichts gemerkt?“

Sie trat schnell vor, flog mir um den Hals, weinte ein wenig. Sie weiß, daß ich dagegen wehrlos bin. „Wir wollten Dir doch eine Freude machen.“ Mein Sohn Jörg schlug mir auf die Schulter: „Nur Mut, Ziege, Gras muß sein.“
Ich war sprachlos. Mich freimachend, ging ich mit großen Schritten auf und ab. Sollte ich brüllen oder schweigen? War so etwas einem Mann und Famili-

enoberhaupt schon einmal passiert? Und das kurz vor der Jahrtausendwende? Doch sie ließen mich nicht nachdenken. Ein paar Tränen, eine kurze Umarmung, ein flüchtiger Kuß von meiner Frau, ein neuer Rippenstoß von meinem Sohn. Nach dem Durcheinander des Erzählens und Erklärens begriff ich langsam, worum es ging. Währenddessen setzten meine Frau, unser Sohn und das Ekel Petry die unschuldigsten Mienen der Welt auf. „Mein alter Freund Horst! Ist doch alles im Januar besprochen worden. Gib zu, daß Du uns jetzt reinlegen willst“, sagte er und sah mich an wie ein Dackel, der das Kaninchen angefressen hatte. „Arschloch“, sagte ich, aber es klang nicht, wie es sollte, und Petry grinste.

Dann saßen meine Frau und unser Sohn im Auto, das hupend verschwand. Ich stolperte über mein Gepäck. Vor mir lag eine Reise in die Mongolei. Alles war ohne mich vorbereitet worden. Jetzt hätte ich immer noch mit dem Zug zurückreisen können. Die für einen solchen Fall angedrohte Aufkündigung unserer langjährigen Freundschaft durch das Ekel Petry beeindruckte mich in diesem Moment nicht. Die Situation war kritisch. Schließlich ging es um mein Gesicht. Da griff der einzige Glatzköpfige unter den herumstehenden Typen, den ich später als Rolf Ellmers kennen- und schätzenlernen sollte, ein und sagte in aller Ruhe, so als kannten wir uns schon lange, „Ja, dann wird das ja wohl nichts mit der Reise, Horst. Eure Privatfehde hättet ihr vorher klären müssen. Wir haben ein Sammelvisum. Da können nur alle fliegen – oder es fliegt niemand. Das alles hat viel Geld gekostet. Unsere Schadenersatzansprüche werden zwischen 30.000 DM und 40.000 DM liegen. Genaues erfährst Du von unseren Anwälten. Also was ist?“ 40 Minuten später saß ich überrumpelt in der Boeing 727 nach Peking – via Kopenhagen.

## Die Reisegruppe

Mein Zorn über das „Komplott“ legte sich. Die Reisegruppe war über den „Coup“ informiert. Jetzt – so schien mir – amüsierten sich alle ungeniert auf

meine Kosten. Petrys „geniale Idee“, mich mit einem Handstreich aus dem Lindenberger Provinznest herauszuholen und in ein unüberschaubares Abenteuer zu stürzen, wurde dagegen gefeiert. Als die Maschine abhob, verkrampfte ich mich in den Sitz, daß mir die Glieder schmerzten. Ich gebe es ungern zu, daß dies der erste Flug meines Lebens war. Zum Glück wußte das wenigstens niemand. Erst nach und nach kam die Entspannung. So ehrenrührig war es eben nicht, wenn meine Frau und mein sonst nicht gerade viel Rücksicht auf unser Familienbudget kennender Sohn mir diese Reise ermöglicht hatten. Daß das ohne Einschränkungen für sie nicht ging, war mir klar. Auch Petrys freundliche Absichten bezweifelte ich nicht. Zu einer solchen Abenteuerreise hätte ich mich freiwillig nie im Leben entschließen können. Die rasch größer werdende Entfernung zu meinem heimatlichen Lindenberg und die Gewißheit, nichts ändern zu können, stimmte mich freundlicher. Das hob meine Stimmung. Wäre ich nicht überrumpelt worden, hätte mich zwar keine Macht der Welt in diese fliegende Aluröhre treiben können, nun war ich aber drin. Ich beschloß, gute Miene zum bösen Spiel zu machen.
Der Flieger dröhnte mit zunehmender Flugdauer doch irgendwie beruhigend und raste in Richtung Norden. Warum nicht nach Osten? Nie im Leben hatte ich darüber nachgedacht, wie man wohl in die Mongolei zu reisen pflegt. Warum auch? Ich hätte – wie sicher viele meiner Landsleute – nicht mehr als Lage und Größe, Sprache und Nachbarn des Landes, das sich Mongolei nannte, angeben können. Aber daß der Weg dorthin nach Osten und nicht über Kopenhagen führt, das hätte ich mit Verweis auf meine zwar lange zurückliegende und sozialistische, aber deshalb nicht oberflächliche Schulbildung jederzeit auf einen Eid genommen. So viel Ehre konnte ich meinen Lehrern aus Löbnitz schon geben. Einmal kam mir der Gedanke, daß das Ziel vielleicht gar nicht die Mongolei, sondern Grönland sein könnte und das Komplott noch im vollen Gange wäre. Doch gab ich den bald auf. Der Paß und die bescheidenen Reisekoffer der anderen schlossen ein nördlicheres Klima aus. Über das mongolische hatte ich keine Vorstellungen. Die anderen lachten und lärmten. Sie schien das alles überhaupt wenig zu belasten. Kunststück. Sie hatten sich vorbereiten können. Nur ich, ich hatte nichts tun können. Der Ge-

danke daran, was meine Holde alles einzupacken vergessen haben könnte, beruhigte nicht. Wenigstens hatte sie mir außer dem Paß noch eine Lederbrieftasche übergeben. Dollarnoten, wie ich befriedigt feststellte.
Urplötzlich hatte ich eine Idee. Während die Boeing mit unverändertem Tempo nach Norden raste, versuchte ich, meinen Plan zu ordnen. Ja, ich würde es tun. In diesem Augenblick ernannte ich mich selbst zum Chronisten der Reise. Alles würde ich aufzeichnen, nichts beschönigen und die fiesen Typen so darstellen, wie sie es verdienten. Strafe muß sein. Nachdem ich diesen Gedanken abgeklopft und für gut befunden hatte, breitete sich eine große, ruhige Heiterkeit in mir aus. Die würden schon sehen. Was ich mir damit selbst und freiwillig aufgebürdet hatte, konnte ich nicht ahnen. Das Komplott war dagegen ein Kinderspiel.

Die Wurzeln zu dieser Reise waren vor ungefähr 25 Jahren, in der scheinbar für ewige Zeiten geschmiedeten sozialistischen Gesellschaft gelegt worden. Mein Freund Petry war damals in der Hauptdirektion des Volksbuchhandels beschäftigt. Wahrscheinlich weil seine Abwesenheit vom Unternehmen den geringsten Schaden verursachte, erhielt er plötzlich und von ihm selbst unerwartet das Angebot, einige Wochen in die Mongolei zu reisen. Für dieses riesige Land sollte ein betriebswirtschaftliches Buchhandelsmodell erarbeitet werden. Er nahm an, überzeugte seinen Rostocker Studienkollegen Just Weiss, ihn zu begleiten und befaßte sich mit der Materie. Der Aufenthalt dauerte einige Wochen. Das Modell wurde schließlich vorgelegt und erhielt Anerkennung. Von da an galt Petry im Buchhandel als „Mongolei-Experte". Unter seiner Mitwirkung wurde in der Hauptverwaltung Verlage ein Unterstützungsprogramm, das viele gute Absichten enthielt, erarbeitet. Einiges konnte auch umgesetzt werden. Als Petry 1986 zum Direktor des LKG bestellt wurde, nahm er diese Aufgabe in den Buchkonzern mit. Die Freude darüber muß in der Chefetage des Volksbuchhandels beachtlich gewesen sein. Die Unterstützung des mongolischen Buchhandels wurde auch nach der Privatisierung des LKG wie des mongolischen Partners – nun aber freiwillig und auf privater Ebene – weitergeführt.

Wir jedenfalls folgten einer Einladung unseres Freundes und mongolischen Buchhändlers Gongor Dugarsurengin, der diese Reise „ans Ende der Welt“ organisiert hatte. Mir wurde zum ersten Mal bewußt, daß sich Buchhändler offenbar überall in der Welt kennen. Zumindest im Ostbuchhandel scheint es noch so zu sein.
Die Einladung in das Land der Araten an Jürgen Petry und Freunde war 1990 (wie ich später erfuhr) zum ersten Mal ausgesprochen und dann jährlich wiederholt worden. Die Vorbereitungen dazu liefen genauso oft an und wurden wieder abgebrochen. Die Veränderungen in deutschen Landen, die sich hinziehenden Privatisierungsverhandlungen mit der Treuhandanstalt, der wirtschaftliche Neustart waren nur einige der Ursachen. Solange der Reisebeginn noch in weiter Ferne lag, gab es Anwärter in der eigenen Firma genug. Je näher er aber kam, um so mehr Teilnehmer fanden „gewichtige Gründe“ zum Rücktritt von dem Abenteuer. Schließlich hatte Petry es offenbar satt. Der Gedanke, die Reise direkt mit zwei Jeeps zu machen, wurde aus Zeit- und Kostengründen aufgegeben. Außerdem entschloß er sich, die Reise interessierten Freunden anzubieten. Einer davon war ich. Wie ich hinzu kam, habe ich geschildert.

Gemessen an dem Aufwand mit mir hatte es Petry mit dem Glatzköpfigen, der Rolf Ellmers hieß, einfach. Ellmers – gerade von einer Weltreise zurückgekehrt – meldete sich zufällig bei Petry telefonisch zurück. Ob er nicht Lust habe, durch die Mongolei zu trampen, hatte Petry ihn übergangslos gefragt. „Wann?“ „In fünf Wochen“, war die Antwort. „Ich komme mit“, sagte Ellmers, und daran änderte sich nichts mehr. Zeit, Geld, Teilnehmer interessierten nur am Rande.
Rolf Ellmers, ein sehr erfolgreicher und nicht unvermögender Unternehmer, kennt die Welt und auch Osteuropa. Die Mongolei nicht. Er hat in den vergangenen Jahren hart gearbeitet, gut verdient und ist gerade dabei, sein persönliches Engagement in seinen Firmen ein wenig zurückzunehmen. Er fährt mit Charme durch die Welt – immer auf der Suche nach interessanten Aufgaben, Menschen und Engagements. Ein Unternehmer mit unbegrenztem

Horst Peterson und Rolf Ellmers

Mut zum Risiko. Hätte mein Staatsbürgerkundelehrer in Löbnitz geahnt, wie Kapitalisten sein können, er hätte schon damals seinen alten Beruf als Holzfäller wieder aufgenommen.

Von Steffen Kaiser, dem vierten der Reisegruppe, lernte ich in Tempelhof zunächst zwei Dinge kennen. Zuerst seine bezaubernde Frau Freundin. Sie brachte uns mit wundervollen Augenaufschlägen bei, daß ihr Freund und Lebensgefährte sich zur Zeit gerade in Karatschi befände. Er könne daher – entgegen allen Vereinbarungen – die Reise nach Peking nicht mit uns gemeinsam antreten. Leider! Das zweite, was ich von ihm kennenlernte, waren seine Berge von Gepäck. Er hatte mehr davon als wir anderen fünf zusammen. Allein die Gebühren für das Übergewicht stellten – gemessen an meinem bescheidenen Salär – ein kleines Vermögen dar. Daß das alles getragen werden mußte, und zwar von uns, berührte die Frau Freundin weniger. Für sie tat es zunächst ein Taxifahrer. Wie die Fahrzeuge unseres mongolischen Gastgebers in Mitleidenschaft gezogen würden, ahnten wir noch nicht. Zum Glück für Herrn Kaiser und seine Frau Freundin. Die entzückende Dame überließ uns – mit Hinweis auf das große Vertrauen ihres Herrn Lebensgefährten zu uns, den Trägern, – die Gepäckberge. Mit vollendetem Charme und der beiläufigen Mitteilung, daß ihr Freund und Gefährte – aus Karatschi kommend – einen Tag später in Peking „zu uns stoßen“ würde, verschwand sie. Uns Glück zurufend und Kußhändchen werfend, rollte sie im mächtigen Taxi davon, noch bevor wir unsere Entrüstung in irgendeiner Form zum Ausdruck gebracht hatten. „Die hat ihren ‘Freund Lebensgefährten’ – so scheint es – vor die Tür gesetzt“, meinte Lehmann mit Blick auf das Gepäck trocken.

Kaiser war eine Zufallsbekanntschaft, die Petry und die beiden noch zu beschreibenden Teilnehmer der Reisegesellschaft, Steffen Lehmann und Ute Haft, in Ostpreußen gemacht hatten. In Königsberg, dem heutigen Kaliningrad. Er war auf einen Kalender aufmerksam geworden. Den hatte der LKG-Hausverlag mit dem russischen Fotografen Igor Sarembo über die Kurische Nehrung herausgebracht. Kaiser war sofort begeistert von den herrlichen Fotos. Er kaufte eine größere Stückzahl für ein bedeutendes deutsches Unternehmen. Er war Geschäftsführer dieses namhaften deutschen Hauses für das

Baltikum – mit Sitz in Kaliningrad (Königsberg). Abends lud er die drei „Verleger“ und den Fotografen zu einem Abendessen im ersten Königsberger Restaurant ein. Drei Stunden später tranken sie Brüderschaft. Am nächsten Morgen fragte Kaiser an, ob noch Platz für ihn da wäre in der Mongolei-Reisegruppe. Es war, denn man wußte inzwischen, daß Kaiser Indien und Afrika solo auf einem Motorrad durchquert hatte. Der richtige Mann für die Mongolei, entschieden alle drei.
Jetzt, mit Blick auf den Gepäckberg, schien zumindest bei Lehmann das Nachdenken einzusetzen. „Ich hoffe nur, daß Eure Kondition ausreicht, das alles durch die Steppe zu bringen. Ich für meinen Teil bin ausgelastet mit dem Bescheidenen, das ich mithabe“, meinte er und deutete auf seine Bandscheiben. Mir kamen Zweifel. Wie hat der wohl die Motorradreisen durch Indien und Afrika gemacht, von denen Ute Haft immer wieder beruhigend zu sprechen begann, wenn die Entrüstung über den Gepäckberg kritisch wurde. Bei einer ähnlichen Menge hätte ihm zumindest ein LKW folgen müssen. Aber ich bin ja kein Abenteuerreisender. Im Flugzeug ordnete ich meine Gedanken. Zunächst wurde mir Ellmers Schlitzohrigkeit bewußt. Wieso gab es eigentlich für alle ein Sammelvisum? Warum sollte ich die Kosten für den Rücktritt von der Reise zahlen, während das bei Kaiser nicht einmal erwähnt wurde? Kein Mensch faselte etwas über Schadenersatz wegen Zuspätkommens. Die Kosten eines zusätzlichen Aufenthaltstages in Peking bewegten niemanden. Ich tat meinen Lehrern heute zum zweiten Mal in gleicher Sache Abbitte. Vor vielen Jahren hatten sie uns die Perversität der Kapitalisten als Klasse beizubringen versucht. Sie scheiterten an unserem Desinteresse. Jetzt zeigte sich, daß sie Recht hatten. Ellmers jedenfalls schien zu den besonders fiesen dieser Spezies zu gehören. Gedeppt hatte er mich, wie zuvor der Neokapitalist Petry. Ich beschloß, künftig auf der Hut zu sein. Ein gewaltiger symbolischer Tritt vor ihre Schienbeine, wenn es die Möglichkeit geben sollte, würde nicht ausgelassen. Das versicherte ich mir selbst.

Der fünfte Teilnehmer war Steffen Lehmann, geschäftsführender Gesellschafter des LeiV-Verlages. Er, Petry und Ute Haft hatten 1990 einen Verlag ge-

Ute Haft, Steffen Lehmann, Zedendorchin Gontchig und Jürgen Petry

gründet und ihn zunächst auf osteuropäische Kinderbücher spezialisiert. Er floriert offenbar jetzt. Später kam ein Geschichtssegment hinzu. Lehmann hatte neben Petry von Anfang an zur Reisegruppe gehört. Auch er kannte Gastgeber Gongor, nicht aber die Mongolen.

Die sechste Teilnehmerin war Ute Haft. Eine gewichtige Gesellschafterin des LKG und Leiterin der Verlagsauslieferung. Jürgen Petry hatte sie – wie er mir später erzählte – alles andere als ernst gefragt, ob sie nicht auch mit in die Mongolei wolle. Sie sagte sofort und fest zu. Davon ließ sie sich weder durch Horrorschilderungen der zu erwartenden Strapazen, mögliche, ja wahrscheinliche Raubüberfälle – und für Frauen noch einiges mehr – abbringen. Auch plastische Schilderungen der zusätzlichen Mühen, die wir unserem

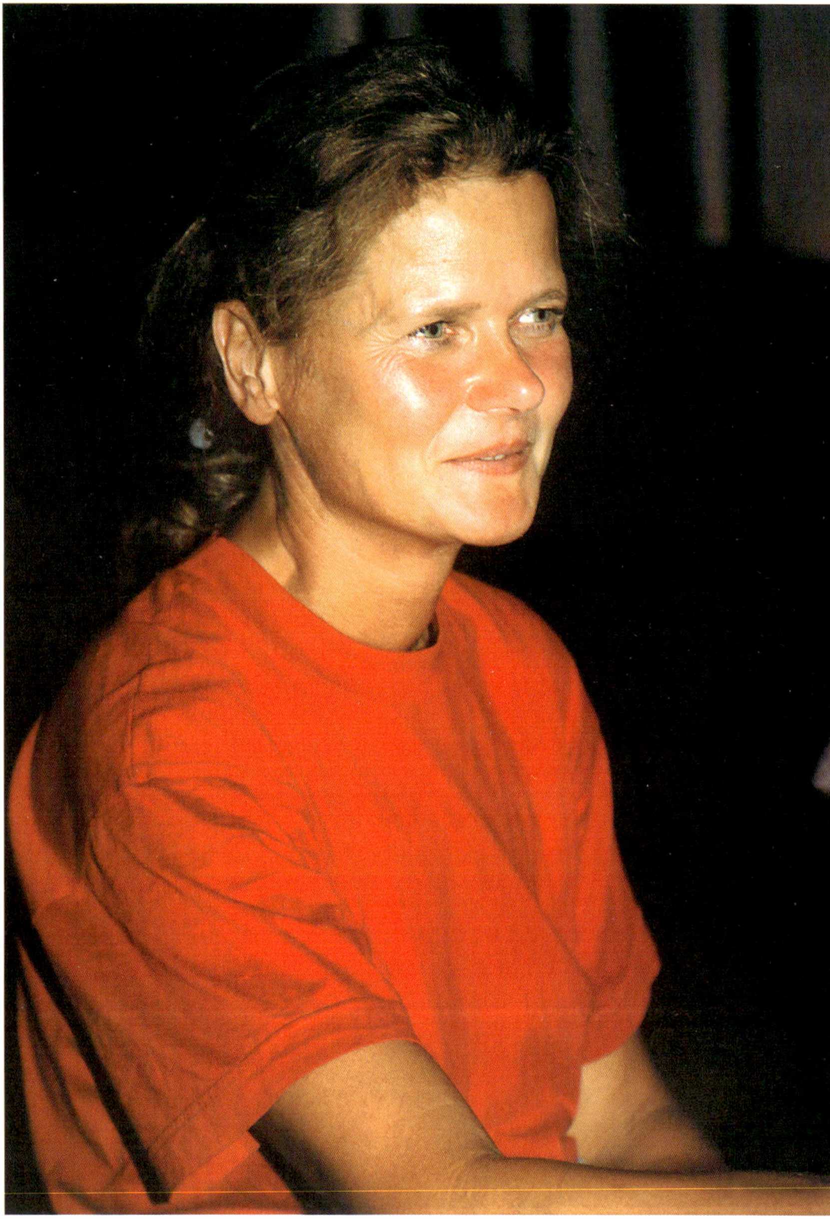

Ute Haft

Gastgeber Gongor mit einer Frau in der Gruppe machen würden, nutzten nichts. Die einzige Frau blieb sie übrigens nicht. Gongor hatte seine ebenfalls mit. Der Reise erwiesen sich beide übrigens besser gewachsen als wir. Weder Magen- noch irgendwelche anderen Beschwerden infolge des ungewohnten Speisezettels hatten sie getroffen. Ich dagegen ... na, schweigen wir darüber.

Ein hartes Aufsetzen der Räder. Wir landeten in Kopenhagen. Die erste kleine Genugtuung hatte ich im Transitraum. Nachdem ich mich zur Eingliederung in die Reisegesellschaft entschlossen und Petry nach Versöhnungsbier geschickt hatte, beobachtete ich sein verblüfftes Gesicht. Die sechs Bier kosteten 60 Dollar. Ich hatte das Preisschild gelesen, die anderen nicht. Sie waren mit sich beschäftigt. Selten hat mir ein Bier so gut geschmeckt.

## Nach Peking

Der Aufenthalt in Kopenhagen war kurz. Im Transitraum dieser freundlichen Stadt ist es auch nicht unterhaltsamer als auf irgendeinem anderen Flughafen Europas, entnahm ich den Gesprächen der „Weitgereisten" unter uns.
Petry lud deshalb die Herren Lehmann und Ellmers zu einem Skatspiel ein. „Der Verlierer zahlt eine Bierrunde – auch für die Unbeteiligten", schlug er im Vertrauen auf seine Spielkünste vor. Es gibt Handlungen der Vernunft und der Habgier. Dieser Tag stand für meinen Freund unter ungünstigen Vorzeichen. Er verlor zwei weitere Runden. Das machte zusammen mit der ersten satte 180 Dollar. Dann wurde das Spiel abgebrochen. Die Reise gefiel mir schon recht gut.

Unser Flug wurde aufgerufen. Acht Stunden Non-Stop lagen vor uns. Heute vormittag waren wir 12.55 Uhr in Berlin-Tempelhof gestartet, 14.10 Uhr in Kopenhagen gelandet, und bereits 15.50 Uhr rollte die Boeing 727 zur Startbahn nach Peking – oder Beijing, wie es neuerdings übersetzt wird. Doch das weiß ich mehr zufällig, alle anderen chinesischen Namen kann ich – wenn überhaupt einigermaßen – nur in der alten traditionellen Übersetzung wiedergeben. Deshalb werde ich es mit der chinesischen Hauptstadt auch so halten und künftig von Peking sprechen. Nach einigen Minuten hatten wir offenbar die Flughöhe erreicht und bewegten uns rasend schnell gen Osten.

„Wie weit kamen die Mongolen eigentlich nach Europa?“ fragte ich den neben mir dösenden Ellmers, nur um etwas zu sagen. Der sah mich irritiert an. „Horst, wenn Du den Dollarkurs wissen willst oder ähnliches, dann frag mich. Über die Mongolen mußt Du Deinen Freund Petry fragen. Der war da und ist Buchhändler, behauptet er jedenfalls. Die wissen immer etwas. Zwar immer nur ungefähr, aber immerhin. Willst Du es aber genau wissen, kaufe Dir eine Encyclopaedia Britannica bei mir. Die ist zwar nicht billig, aber du brauchst dann auch niemanden mehr zu fragen.“ Sprach's und schlief wieder ein. Die Encyclopaedia Britannica habe ich nicht gekauft, auch wenn Ellmers mir verschwieg, daß die nur in englisch zu haben ist – na – und bis ich das beherrsche, das dauert. Später fand ich in einer unserer Siegener Buchhandlungen Literatur über die Mongolei.

Wir überflogen Polen. Hier kam es am 9. April 1241 zur am weitesten westlich geschlagenen Schlacht der Mongolen auf der Walstatt bei Liegnitz (polnisch: Legnica). Das liegt etwa auf dem 16. Längengrad – dort mußte sich, wenn auch etwas weiter nördlich, unsere Maschine gerade befinden. Von dort bis zur heutigen deutschen Ostgrenze sind es etwa 100 Kilometer. Zwei knappe Tagesritte bei dem Angriffstempo der damaligen mongolischen Reiterheere. Die Schlacht endete übrigens mit einer Katastrophe. Der Liegnitzer Herzog Heinrich erlitt mit seinem deutsch-polnischen Heer eine vernichtende Niederlage, verlor den eigenen Kopf, und Europa lag zitternd und offen vor den Mongolen. Doch manchmal geschehen Wunder. Hier geschah eines. Die Mongolen rückten nicht weiter vor, sondern ab. Europa war gerettet. Warum – das ist eine andere Geschichte.
Einige Zeit später lag unter uns der Peipussee. Auf ihm fand am 5. April 1242 – also fast auf den Tag ein Jahr nach der ruhmlosen Mongolenschlacht – de-

ren indirekte Fortsetzung statt. Sie war von gleich großer geschichtsträchtiger Bedeutung.
Gerhard von Malberg, Hochmeister des Deutschen Ritterordens, verfügte mit dem Heer des Ordensstaates (später Ostpreußen) zur damaligen Zeit über die wahrscheinlich schlagkräftigste Armee Europas. Sein Auftrag bestand darin, im Namen seiner Heiligkeit des Papstes mit Feuer und Schwert ostwärts zu christianisieren. Dort stand aber Alexander Newski, Fürst von Nowgorod. Der hielt nichts vom Papst – und vom christianisierenden Orden noch weniger. Beide, vom Mongolen Batu Khan indirekt bedroht, vergaßen den Auftrag des Papstes auf der einen und die eigenen Interessen auf der anderen Seite, bis die Mongolen 1241 dorthin verschwanden, woher sie gekommen waren.
Jetzt sprangen die Interessengegensätze wieder auf. Am 5. April 1242 hatte Gerhard von Malberg die richtige Konzeption, aber Alexander Newski Glück und den besseren Verbündeten – die Natur. Fast schon geschlagen, konnte letzterer miterleben, wie die schwer gepanzerte Ordensreiterei zuerst die russischen Reihen, dann aber das Eis durchbrach und im unterkühlten Peipussee verschwand. Das war dann auch der vorerst weiteste Vormarsch der deutschen Ordensheere nach Osten. Der letzte deutscher Truppen in die Sonnenaufgangsrichtung ging dann doch noch ein wenig weiter. Bis zum Ladogasee, über den das 900 Tage eingeschlossene Leningrad gerade noch versorgt werden konnte, und den wir eben überflogen.
An diese deutsche Schlacht im Osten erinnere ich mich besonders gut. Mein seliger Herr Vater nahm daran teil. Bereits als Siebenjähriger wußte ich aus seiner „lückenlosen Beweisführung“, wie leicht das eingeschlossene Leningrad quasi im Handstreich hätte genommen werden können – vorausgesetzt, die Heeresführung hätte in den Händen meines Herrn Papa gelegen. Doch zum Glück für Shukow gab man sie ihm nicht, obgleich er als Obergefreiter sogar über einen höheren Dienstgrad als sein „Führer“ verfügte. Nun ja – wie es dann ausging – ist ja bekannt.

Doch genug von gewonnenen und nicht gewonnenen Schlachten. Die genaue Flugroute über das unendliche Wäldermeer Sibiriens kann auf jedem deutschen Flughafen als Karte erworben werden und bedarf keiner Schilderung. Unbeschreiblich schön, selbst aus großer Höhe, lag schließlich der Baikalsee unter uns, während wir einen traumhaften Sonnenaufgang erleben durften. Nie werde ich diese Bilder vergessen, und niemals werde ich diese Schönheit beschreiben können. Riesige Flüsse strömten majestätisch dem größten See unserer Erde zu, und die Wälder schienen unendlich zu sein. Der Anblick allein söhnte mich mit allem Erlittenen aus, und ich schaute schweigend auf das Panorama von See und Wald und Sonnenaufgang.

Plötzlich wendete das Flugzeug nach Süden. Das Bild verschwand. Eine gute halbe Stunde später überflogen wir Ulan-Bator. Dort wollten wir ja eigentlich hin. „Warum steigen wir nicht hier aus?" fragte ich diesmal Lehmann besorgt. „Weil Herr Kaiser uns die Sparroute ausgesucht hat. Wir fliegen erst noch 1000 Kilometer weiter nach Peking und fahren dann mit dem Auto zurück. Das ist billiger, sagt Kaiser. Verstehst Du das?" „Nein", sagte ich. „Ich auch nicht, aber Kaiser wird es uns schon noch beweisen." Damit war für ihn das Thema beendet.
Die Sibirienroute nach Ulan-Bator ist mit Abstand die kürzeste und preiswerteste. Nur wird sie nicht von allzu vielen Gesellschaften angeboten. Grund: Die Russen lassen sich die Überflugrechte gut bezahlen. Früher nutzten sie sie sogar allein. Doch die Zeiten ändern sich. Das Monopol der allmächtigen Aeroflot ist dahin, damit aber auch die berühmte Flugsicherheit russischer Flugzeuge. Besser gesagt, der gute Ruf russischer Fluggesellschaften ist dahin. Mal reicht der Treibstoff nicht, mal wird die Wartung eingespart, mal macht der Pilot mit seinen minderjährigen Kindern Flugübungen, mal geht ein Rad verloren. Gewiß sind das alles verschwindend wenige Vorfälle bei dem ungeheuren Flugaufkommen im russischen Riesenreich, aber durch die Boulevardpresse gemangelt kommt heraus: Russische Flugzeuge sind unsicher. Sie sind unbequemer. Das mag gelten. Unsicherer, das will bewiesen sein. Aber gegen einen schlechten Ruf anzukämpfen ist schwer und im harten Konkurrenzkampf manches Mittel recht.
Nachdem die Reise mit dem Jeep – für das Jahr 1997 zumindest – zu den Ak-

ten gelegt worden war, hatte Lehmann eine mit der Aeroflot in Aussicht genommen. Leipzig – Moskau – Omsk – Irkutsk – Ulan-Bator. Das galt bis zum Eintritt Steffen Kaisers in die Reisegruppe. „Viel zu teuer, viel zu viele Zwischenlandungen, Unsicherheiten bei der Versorgung", meinte er und kam sofort mit Gegenvorschlägen. Er könne bei der schwedischen SAS Rabatte bekommen, in Peking stünde das Hotel an der Straße, Traumservice – und überhaupt. Eine schwedische Gesellschaft. Lehmann schwieg. Ute Haft war es egal. Die anderen wurden nicht gefragt. Also entschied Petry: „Wir reisen via Peking. Da waren wir noch nicht." Den Ausschlag gab schließlich, daß der Flug mit der SAS tatsächlich bis Peking billiger war als der mit der Aeroflot nach Ulan-Bator. Die „Kaiserrabatte" natürlich eingerechnet. Nur einen kleinen Haken hatte die Sache schon. Mit der SAS flogen wir nach Peking. Die Reise in die Gobi mußte demnach auch dort beginnen und eben nicht in Ulan-Bator. Und das hatte Folgekosten.
Zunächst für unseren Gastgeber. Er schickte seine Tochter und deren Freundin nach Peking, um uns dort am Flughafen in Empfang zu nehmen. Nach Peking fuhren die beiden jungen Mädchen mit dem Zug. Zwei Tage hin, zwei Tage zurück, zwei Tage Aufenthalt – davon einen für Gongors Tochter im Krankenhaus. Sie mußte sich von einem relativ harmlosen, dafür aber schmerzhaften Furunkel operieren lassen. Das macht auch ein freundlicher chinesischer Arzt nicht umsonst. Dazu kamen zweimal sieben Übernachtungen auf der Hinfahrt im nicht gerade preiswerten SAS-Hotel. Und natürlich nochmals sechs auf der Rückreise. Die Fahrt von Peking zur chinesischen Grenze, zwei Übernachtungen auf der Reise für jeweils elf Personen (wir sechs und zwei Fahrer, ein Dolmetscher und die beiden Mädchen), schließlich noch der Rückflug von Ulan-Bator nach Peking mit der Aeroflot, die Aufenthaltskosten und eine Rubrik „Sonstiges", auf die ich nicht noch einmal extra zurückkommen werde.
Alles in allem hatte sich Herr Kaiser nur um zirka 2500 Dollar pro Kopf zu unseren Ungunsten verrechnet. Das heißt, daß das in etwa die Mehrkosten gegenüber dem Direktflug nach Ulan-Bator waren. Doch was soll das alles. Ich wäre allein nie nach Peking gekommen, keiner von uns wird den Abste-

cher missen mögen – nur das Geld sollte man haben, und wissen sollte man es, bevor man eine solche Reise unternimmt.
Meine geliebte Gattin und mein Sohn konnten ihr Glück nur schwer verbergen, als ich ihnen mitteilen mußte, daß die Reise rund 4000 DM teurer ausgefallen war als die, die sie mir in ihrer Großzügigkeit und Herzensgüte zu schenken beschlossen hatten.

Jetzt noch ein Wort zur Zeitverschiebung. Wie das so richtig funktioniert, habe ich nie begriffen. Mein Freund Petry meint, daß das so etwa eine Stunde pro 1000 Kilometer wären. Aber das stimmt natürlich nicht. Bis Ulan-Bator sind es sieben Stunden. Bis Peking nur sechs, obgleich Peking zehn Längengrade östlicher und zirka 1000 Kilometer südlicher als Ulan-Bator liegt. Das hat folgende Ursachen. In China gilt eine Einheitszeit. Das wären normalerweise sieben Stunden Zeitverschiebung gegenüber Mitteleuropa überall in diesem riesigen Land. Da aber Sommerzeit in China ebenfalls einheitlich gilt, und wir im Sommer, also zur Sommerzeit dort waren, betrug die Zeitverschiebung nur sechs Stunden. Wohl dem, der da mitkommt.

Inzwischen landete die Boeing 727. Als wir das klimatisierte Flugzeug verließen, verschlug es mir den Atem. Zirka 40 ° Hitze und eine Luftfeuchtigkeit von 100 %, Nieselregen und eine noch nie gesehene Menschendichte. Alle Pekinger wollen zugleich verreisen, dachte ich, und – nur die anderen nicht verlieren. Dann waren wir auch schon drin – im dichten Gewühl.

## Chinesen und wir

Ich weiß nicht, ob es einen zweiten Flugplatz auf dieser Welt gibt, der mit einer solchen Masse Menschen gleichzeitig fertig wird.
1500 Passagiere pro Stunde – so habe ich nachgelesen – können auf diesem 1980 erbauten und immer noch modernsten Flughafen Chinas abgefertigt werden. Das klingt überschaubar. Doch sind das wahrscheinlich nur die Ab-

flieger. Zu gleicher Zeit kommen sicher noch einmal so viele an und dann die Begleiter zum und die Abholer vom Flugplatz. Dazu Schaulustige, Ein- und Verkäufer aller Art. Und, und, und. In den meisten Ländern wäre das Chaos nie mehr zu entwirren. Mir treibt es zum Beispiel heute noch den Angstschweiß auf die Stirn, wenn ich an den Versuch zurückdenke, eine Moskauer U-Bahn zu benutzen.

Lang ist es her – da schenkte mir meine Wolfener Gewerkschaftsleitung eine Auszeichnungsreise in das damalige Land der Bewegung, in dem einst das Grundmodell des Sozialismus unter Führung der Genossen Wladimir Iljitsch Uljanow und Soso Dshugaschwili, die sich später zu Lenin und Stalin wandelten, entwickelt worden war. Die Zugfahrt von Berlin nach Moskau war schon toll, das Hotel auch, selbst den Genossen Wladimir Iljitsch habe ich mir auf dem Roten Platz ansehen können, ohne lange warten zu müssen. Die geduldig anstehenden Sowjetmenschen ließen die neugierigen Ausländer einfach vor. Freundlich, ohne zu murren. Dadurch bekam ich ein etwas einseitiges Bild. Als wir dann die Wunder-U-Bahn besichtigen wollten, wurde das Bild geradegerückt. Wir waren vier Wolfener und außer uns standen etwa zehnmal so viele Russen vor der gleichen Wagentüre. Der Wagen war halb leer. Alles stand friedlich, bis die Bahn hielt. Sofort bekam ich einen Ellenbogen in den Magen, daß mir die Luft weg blieb. Auch meine Kumpel wurden zur Seite gestoßen. Die Bahn war weg. Wir waren noch da. 30 Sekunden später – so dicht war die Zugfolge tatsächlich – das gleiche Schauspiel. Beim dritten Mal gab ich auf, meine Kumpel auch. Nein, nein, das war keine Ausländerfeindlichkeit. Die Russen – damals Sowjetmenschen – ahnten gar nicht, daß wir dem Volk ihres letzten Kriegsgegners angehörten (Afghanistan kam erst später). Was sie taten, war nur der tägliche Kampf, um rechtzeitig von und zur Arbeit zu kommen. Das hatte sich so eingebürgert, in einer Zeit, als Genosse Soso seine erworbenen Landsleute unter anderem dadurch disziplinierte, daß er „hartnäckige Arbeitsbummelanten“ – das waren solche, die monatlich mehr als dreimal zu spät zur Arbeit kamen – für einige Jährchen in das gerade von uns überflogene Sibirien zu schicken pflegte. Das hat Langzeitwirkung. Doch ich schweife ab.

Chinesen sind das vielleicht geduldigste und zumindest Gästen gegenüber toleranteste Volk. Niemand schubst, drängt oder rempelt. Äußerlich Chaos, sonst Ruhe und Höflichkeit, aber wie in einem Ameisenhaufen. Als ich – neben dem eigenen – auch noch mit einem Teil der Bagage des mir noch immer unbekannten, aber dadurch nicht sympathischer werdenden Herrn Kaiser dem Zoll zuwankte, boten mir mehrere Frauen einen Transportwagen an. Freundlich – selbstverständlich. Einen nahm ich schließlich. Ich schämte mich erst, als ich bemerkte, daß die chinesische Dame zwei niedliche Kinder hinter sich herzog. Die hatten zuvor auf dem Wagen gesessen. Alle drei winkten mir freundlich zu, als ich Kaisers Riesenkoffer auf die ächzende Karre wuchtete. „Hoffentlich geht das gut“, sagte ich zu Lehmann. Der war Kaisers Bagage seiner Ankündigung gemäß geschickt ausgewichen und schob sich, den River-Quai-Marsch oder etwas ähnliches vor sich hinpfeifend, den „Zollorganen“ zu. Als ich Lehmann selbstgefällig pfeifend neben mir sah, schoß mir ein eisiger Schreck durch die Glieder. Zoll! Und ich hatte Kaisers Gepäck! Lehmann setzt sich ab, und ich gehe in den Knast! Ich konnte nicht einmal aussagen, was sich in meinem Koffer befand – geschweige denn in Kaisers.
Der Angstschweiß, den ich einst vor der russischen U-Bahn gespürt hatte, war wieder da. Nur stärker. Da kam auch schon ein Zöllner. Er zeigte auf Kaisers Riesenkoffer, rief etwas und lachte. Ein zweiter Zöllner kam. Beide unterhielten sich mit Lehmann in einer mir unbekannten Sprache, hoben den Koffer und trugen ihn vor die Zollbarrieren. „Na, komm endlich und halte die anderen nicht auf“, rief Lehmann und zog mich durch die Schleuse. Wenn ich je Dankbarkeit empfunden habe, dann in diesem Augenblick für Lehmann. „Sprichst Du chinesisch?“ „Nein.“ „In welcher Sprache und worüber habt Ihr denn gesprochen?“ Lehmann grinste. „Ich habe sie auf englisch gebeten, bei dem Gepäck behilflich zu sein und die fragten, was da drin sei. ‘Konterbande nach Ulan Bator’, habe ich geantwortet. Das fanden sie lustig, und wir konnten passieren. Danach lachten sie nur noch über den Riesenkoffer. Komm jetzt, wir können Petry nicht die drei mongolischen Damen allein überlassen.“
Tatsächlich! Freund Petry unterhielt sich mit drei eleganten jungen Damen und zwar so, als kenne er sie bereits seit Jahren. Das traf auch zu, wenigstens

Gongors Tochter Bolorma

für eine davon. Es handelte sich um Bolorma, die Tochter unseres Gastgebers. Er hatte sie von Ulan-Bator nach Peking geschickt, uns abzuholen und zur Grenze zu begleiten. Die zweite war Mandai. Eine mongolische Schönheit, die mich sofort bezauberte. Langes Haar, Mandelaugen, Wespentaille, ein unbestimmbares Lächeln. Und ein Gang, leicht wie eine Feder. Ich gestehe, daß ich mich in den über 25 Jahren glücklicher Ehe mit meiner geliebten Frau nie für eine andere interessiert habe. Selbst in Gedanken war ich meiner Jutta im-

Die schöne Mandai

mer treu. In diesem Augenblick aber ... es gibt Schicksalsschläge – sie wird es mir verzeihen. Ich kann es einfach nicht beschreiben. Befangen, unfähig etwas zu sagen, starrte ich sie an, bis sie sich ab- und anderen zuwandte, Mandai, eine Freundin Bolormas aus Ulan-Bator, Chinesischlehrerin. Sie hatte ihre Freundin nach Peking begleitet. Die dritte schließlich hieß Frau Tchanzal und war Kulturattaché an der mongolischen Botschaft zu Peking. Ich war auch von ihr beeindruckt, aber anders. Noch nie in meinem Leben hatte ich es mit einer Botschaftsangehörigen zu tun. Und nun gleich eine Frau, Attaché, und eine so schöne dazu. Nach der Begrüßung ging alles schnell. Die Damen leiteten uns durch die Menge zu einem Bus des SAS Hotel. Die beiden Fahrer luden alles ein. Der Bus war riesig, aber – das Gepäck und wir, inzwischen acht Leute – viel mehr hätte er nicht fassen können.

Dann ging es los. Der Fahrer blinkte nur kurz und schob sich einfach mitten in den dichtesten Verkehr. Im selben Moment bildete sich eine Lücke, und wir schwammen in einem unendlichen Gewirr von Autos, Fahrrädern, Eselskarren, Rikschas und Handwagen in Richtung Innenstadt. Alles im besten Einvernehmen. Die Toleranz im Straßenverkehr ist für Deutsche schwer nachvollziehbar. Niemand pocht auf sein Recht, weil es offenbar keines gibt. Ob es Verkehrsregeln gibt oder nicht, kann ich nicht sagen. Die Rücksichtnahme untereinander ist groß. Zwar wechselt jeder die Spur, alle hupen und klingeln, aber mehr aus Gewohnheit. Niemand erzwingt die Vorfahrt, nie wird geschimpft, und Unfälle scheinen selten zu sein. Wir sahen jedenfalls keinen.

Ebenso unkonventionell sind die Transportmittel. Da werden zwei alte Leute in einem Fahrradanhänger gezogen. Pferde und Esel traben hoch beladen zwischen modernen Straßenkreuzern aus aller Herren Länder. Baufahrzeuge, Kräne, Schwersttransporter und dazwischen Fahrradrikschas mit gestickten bunten Dächern – und das alles auf der gleichen Straße. Was für eine Welt.

Nach etwa 35 Minuten hielten wir vor dem wohltemperierten SAS-Hotel. Es war sieben Uhr morgens. Unvorstellbar, in Deutschland um diese Zeit ein Zimmer zu verlangen. Hier lagen wir 15 Minuten später in wunderbar kühlen Betten und holten den Schlaf nach, den wir seit 24 Stunden aufgeschoben hatten.

Was es mit der Zeitverschiebung noch auf sich hat, weiß ich nicht. Wir alle waren wie benommen, als wir uns 13.00 Uhr wieder in der Halle trafen. Die Wahnsinnsluftfeuchte und Hitze allein waren es nicht. Das mir Nächstliegende wäre ein chinesisches Bier gewesen. Doch die Mehrheit war dagegen. Wegen der Luftfeuchtigkeit – sagten sie. Jetzt kam die erste große Stunde von Rolf Ellmers. Während wir alle noch vor uns hindösten und versuchten, die Taubheit aus Kopf und Gliedern zu bekommen, hatte er mit dem Portier bereits ein Siebenpersonentaxi ausgehandelt. Es stand schon vor dem Hotel. Ein in jeder Beziehung abenteuerliches Fahrzeug. Vom Typ her ein in China gebauter japanischer Kleinbus, der bessere Tage gesehen hatte. Öffnen ließ sich

Jürgen Petry, Taxifahrer Li, Horst Peterson, Ute Haft und Rolf Ellmers vor der Stadtrundfahrt in Peking

nur eine Seitentüre, die andere war mit einem Brett so verkeilt, daß sie während der Fahrt nicht aufspringen konnte. Die Karosse war an mehreren Stellen durchgerostet und die Sitze – na, lassen wir das. Aber die Klimaanlage funktionierte. Der Fahrer, ein kleiner freundlicher Chinese, lächelte so vertrauenerweckend, daß sogar Ute Haft ihren Widerstand aufgab und mit uns einstieg. Ohne nach dem Ziel zu fragen, fuhr der Fahrer los. Hinein in das Gewühl – einfach in Richtung Innenstadt. Das löste das nachfolgend geschilderte und englisch geführte Gespräch zwischen dem Fahrer Li (oder so ähnlich) und Ellmers aus. Lehmann übersetzte genüßlich.

Ellmers: „Wo fährst Du hin?"

Li: „In Stadt."

Ellmers: „Woher weißt Du, daß wir in die Stadt wollen?“
Li: „Weil Du Tourist. Touristen wollen in Stadt.“
Ellmers: „Weißt Du auch, was wir sehen wollen?“
Li: „Zuerst Tiän-an-men-Platz (Platz des himmlischen Friedens). Da, wo Soldaten peng, peng! Du verstehen? Dann Kaiserpalast.“
Ellmers: „Und dann?“
Li: „Gut Restaurant vielleicht?“
Ellmers: „Nein! Nicht gut Restaurant, ein chinesisches Restaurant möchten wir. Dort, wo nur Chinesen essen. Verstehst Du?“
Li: „Klar, verstehe! Gut chinesisches Restaurant ist, wo wohne ich, ja?“
Ellmers: „O. k. Machen wir. Was kostet uns Deine Taxe?“
Li: „50 Dollar.“
Ellmers: „Nein, nicht das Auto, nur die Fahrt.“
Li: (jetzt gekränkt) „50 Dollar.“
Ellmers: „Also klar, 50 Dollar.“

Li meinte wirklich 50 Dollar und zwar egal wohin, wie lange oder mit wieviel Personen sein Gefährt besetzt war. Es war die preiswerteste Taxe, mit der ich je gefahren bin.
Die Fahrt auf der sechsspurigen Stadtautobahn dauerte etwa eine dreiviertel Stunde. Der uns chaotisch erscheinende Verkehr glich aufs Haar dem bereits Geschilderten.
Der Eindruck der Stadt überwältigte. Baukran an Baukran. Peking schien im Bauboom zu explodieren. Modernste Stahl-Glas-Hochhäuser mit einer ganz eigenen chinesischen Architektur wechselten mit winzigen Wohnsiedlungen – dicht hinter Bretterzäunen verborgen.
Schließlich das Herz Pekings – der riesige Platz des Himmlischen Friedens – südlich vom „Himmelstor“, dem Eingang zum Kaiserpalast. Auf diesem Platz hatte Chinas „Rote Sonne“, Mao Zedong, am 1. Oktober 1949 die Volksrepublik proklamiert. 40 Jahre später geschah dann durch seine Nachfolger das, was Li verharmlosend mit „peng, peng“ bezeichnet hatte.

Es nieselte, kein Lüftchen wehte, Hitze und Luftfeuchte verhinderten offenbar die Zirkulation, denn die Stadt begann zu riechen. Der unbestimmbare Geruch aus Millionen Küchen, Betrieben und Abgasen ging bis zum Abend in einen regelrechten Gestank über. Ob das typisch ist für Peking, weiß ich nicht. An diesen beiden Tagen jedenfalls war es prägend. Dieser Geruch und diese Stadt sind für mich nicht zu trennen.
Vom Platz des Himmlischen Friedens gingen wir durch das von zwei auf Marmorsäulen sitzenden geschnitzten Drachen bewachte Himmelstor in die „Verbotene Stadt“. Dieser Begriff wird in der Umgangssprache häufig verwendet. Er umschreibt mit zwei Worten, daß bis zur Revolution von 1911 einfache Chinesen den Kaiserpalast nicht betreten durften. Die Marmorsäulen am Tor des Himmlischen Friedens dagegen dienten dem Volk als Klagemauer. Dort konnten Mißstände angeprangert und Reformvorschläge ungestraft angebracht werden. Genau dieser Tradition folgend, hatten sich hier 1988 Studenten versammelt, um Menschenrechte von den Regierenden einzufordern. Wie das endete, ist bekannt. Die chinesische Sicht allerdings ist auch nicht unmenschlich: Dem größten und am erbärmlichsten lebenden Volk der Erde innerhalb weniger Jahrzehnte ein menschenwürdiges Leben zu ermöglichen, ist eine ungeheure Leistung. Ob das auch erreicht worden wäre, wenn jedem sofort und zugleich alle Menschenrechte gewährt worden wären? Heute – 200 Jahre nach der Französischen Revolution – gibt es die nicht einmal in allen westlichen Demokratien. Diese von selbsternannten Volkstribunen einfordern zu lassen ist leicht. Es klingt eben nicht populär, setzt man Pflichten vor Rechte. Aber ich bin ja kein Politiker und ein engagierter Menschenrechtler auch nicht.
Der Kaiserpalast ist das wohl imposanteste Bauwerk, das je ein Herrscher als Wohnsitz für sich errichten ließ. Die Grundanlage wurde unter dem Ming-Kaiser Yong in den Jahren 1406 bis 1420 von 20.000 Arbeitern erbaut. Der Palast hat eine Gesamtfläche von 720.000 $m^2$. Auf dieser Fläche stehen 800 Gebäude, die wiederum 9000 Räume mit 150.000 $m^2$ Wohnfläche in sich vereinen. Beschreiben kann ich diese Stadt/Wohnanlage nicht. Das ist auch nicht nötig, denn das haben kluge Leute ausreichend getan. Allein die Namen der

repräsentativen Hallen beflügeln heute unsere Phantasie. Sie versetzen uns zurück in die Kindheit. Erste Bekanntschaften mit orientalischen Märchen bringt mein Langzeitgedächtnis ungeahnt hervor.
Die „Halle der höchsten Harmonie – Taihedian" ist die repräsentativste. Hier stand der Thron des Kaisers, hier empfing er hohe Beamte, nahm Auszeichnungen vor, und hier huldigte ihm der Hofstaat durch neunmaliges Aufschlagen mit der Stirn auf den Boden. Die „Halle der mittleren Harmonie – Zhonghedian" hatte eher privaten Charakter. Hier arbeitete, ruhte und konzentrierte sich der Kaiser vor seinen öffentlichen Auftritten. Die „Halle der Erhaltung der Harmonie – Baohedian" schließlich ist eine Art Ballsaal. Hier empfing der Kaiser Könige und Fürsten zu Banketten und gab seine großen Neujahrsempfänge. Die anderen Häuser und Gärten dienten als Wohnungen für den Hofstaat, die Bediensteten, Konkubinen sowie als Schatzkammern und Vorratslager. Die Kaiserin hatte einen eigenen Thronsaal – „Halle der Einigkeit – Jinotaidian".

Als Europäer und strikt monogamer Ehemann interessierten mich die zauberhaften Suiten der kaiserlichen Konkubinen verständlicherweise ganz besonders. Ein ganz schöner Aufwand, den sich die „Gottkaiser" zur Bereicherung des Nachtlebens leisteten. Der Unterhalt für den Wohnbereich der Damen im Palast war sicher noch der geringste im Haushaltsetat „Konkubinen", den der Finanzmandarin der kaiserlichen Schatulle entnehmen mußte. Hinzu kamen Garderoben, Speise- und Getränkekosten, Eunuchen, Sänften, Karossen, Schmuck, Unmengen von Schönheitsmitteln und anderes mehr. Schließlich die Pensionen für die Konkubinen, wenn ihre Dienste nicht mehr erwünscht waren.
Ich bilde mir ein, mit meiner geliebten Frau eine harmonische Ehe zu führen. Doch muß ich dafür schon ein Höchstmaß an Diplomatie aufbringen. Eine Nebenkonkubine würde ich – von den Kosten einmal abgesehen – vielleicht noch verkraften, doch mit der Harmonie wäre es sicher vorbei. Ich kann mir bei dem heute immer mehr hervortretenden streitbaren Charakter mitteleuropäischer Damen deren Zustimmung zu einer Ehe zu dritt auch nur dann

vorstellen, wenn sie darin eine Möglichkeit sehen würden, ihren jeweiligen Gatten gebündelt zu kujonieren. Ausnahmen gibt es aber.
Nun sind chinesische Menschen, wie ich bereits zu beobachten Gelegenheit hatte, sicher verträglicher. Ich könnte mir auch vorstellen, daß Chinesinnen ihren Gatten ein weit höheres Maß an Achtung und Ehrerbietung entgegenbrachten und -bringen, als in unseren Breiten zur Zeit in Mode ist. Doch ich kann mir nicht vorstellen, daß die daraus zumindest theoretisch möglichen zusätzlichen Bettfreuden all die Kosten und den Nervenkrieg rechtfertigen, denen der Herr Besitzer von mehreren Konkubinen in der täglichen Praxis ausgesetzt wird. Doch die Chinesen sind ein denkendes, kein gläubiges Volk, hatte mein Löbnitzer Lehrer Reinhold Krieg uns einmal beizubringen versucht. Erst jetzt, fünf Jahrzehnte danach, vor den Suiten der Konkubinen chinesischer Kaiser, beginne ich zu begreifen, was gemeint war.
Gerade jetzt wird doch der staunenden Welt vorgeführt, daß der Konkubinenaufwand klein war – gemessen an dem Schaden, den man dem eigenen und anderen Völkern durch puritanisches Gebaren zufügen kann.
Hätte man den einen oder anderen Staatsmann der jüngeren Weltgeschichte mit einigen Konkubinen nicht umprogrammieren können? Beschäftigt und zerrüttet hätte er weder Zeit noch Nerven zu großen „Taten“ gehabt. Nur zu oft bestanden diese doch in der Vernichtung ganz beachtlicher Teile der Welt. Dabei waren die Möglichkeiten – zum Beispiel unseres „böhmischen Gefreiten“ – noch recht bescheiden. Natürlich nur gemessen an denen, die heutigen Supermachtbossen zur Verfügung ständen, im Falle sexueller Bedrängnisse.
Zwar scheint in unserem geliebten Vaterland Sex bei den Herren Chefs des Staates keine wichtige Rolle zu spielen. Nun war Staatsgründer Adenauer tatsächlich jenseits von Gut und Böse. Sein Zigarre rauchender Nachfolger und Erfinder der sozialen Marktwirtschaft dagegen zu eindimensional. Sicher hätte er sich nur schwer vorstellen können, was man unter „Zigarrerauchen“ sonst noch verstehen könnte. Auch den nachfolgenden Herren Kanzlern standen fleischliche Genüsse auf dem Teller sicher näher als solche im Bett. Aber muß das so bleiben? Horrorszenen sind jedenfalls denk- und vorstellbar, seitdem die PDS im Parlament sitzt.

Angenommen, der eventuell künftige könnte zum Beispiel nach einer fraktionsübergreifenden Feier einer ältlichen Ministerin durch ein anerkennendes Tätscheln des Rückens danken wollen. Zerstreut durch Streß verwechselt er die Dame aber mit einer wesentlich jüngeren PDS-Abgeordneten und greift einige Zentimeter zu tief. Nun, die Abgeordnete käme wahrscheinlich aus dem Osten. Glück für den Zerstreuten. Die Angelegenheit wäre mit einem wohlgezielten Schlag auf die Kanzlerhand beigelegt. Keine Klage wegen sexueller Belästigung im Bundestag. Der dies zufällig beobachtende Fraktionschef der Regierungspartei könnte das aber für „den Beginn einer wunderbaren Freundschaft" halten und zunächst erfreut wegsehen. Was aber, wenn der Herr Fraktionsträger der Opposition diesen „Mißgriff" ebenfalls bemerken würde? Regierungskrise nach amerikanischem Vorbild? Zumindest! Provokation der immer noch aktiven Untergrundstasi gegen den Kanzler? Wahrscheinlich! Alles wäre möglich. Aber auch schlimmeres. Es würde nicht sofort bemerkt. Und die PDS-Abgeordnete unterließe den fälligen Schlag auf die Kanzlerhand? Die zunächst harmlose Verwechslung würde in eine Art Gewohnheitsrecht münden. Der Freund und Kollege aus Übersee, selbst unter furchtbarem Moralistendruck, reagierte über. Die Bundesrepublik – Eckpfeiler der NATO – vor dem Austritt? Er müßte handeln. Ohne UNO. Das Karl-Liebknecht-Haus würde bombardiert. In Deutschland kehrte zunächst wieder Ordnung nach überseeischem Muster ein. Vor der eigenen Nation wäre der Ordnungsschlag der längst überfällige Beweis endgültiger Läuterung von ähnlichen Gelüsten. Was allerdings geschähe dann? Könnte der Präsident einer Noch-Supermacht nicht annehmen, der Schlag gelte der Botschaft unter den Linden? Das weitere Schicksal der Welt hinge dann wohl mehr oder weniger davon ab, ob er sich erinnerte, wo er abends den Koffer mit dem roten Knopf abgestellt habe. Jetzt erst wird sicher, wie groß die Weisheit der Chinesen war. Kann man ausschließen, daß dem Großen Steuermann nicht ähnliche Gebäude mit Inhalt zur Verfügung standen? Sollte ein aufgeklärtes, tolerantes Volk seinem schwer schuftenden Kanzler oder Präsidenten da nicht ein paar Steuermillionen zukommen lassen? Das wäre vielleicht nicht das am schlechtesten angelegte Geld.

Das verwirrende Wechselspiel von Gärten, Anlagen und Häusern muß man sich menschenleer vorstellen. Dann wirkt es vielleicht so, wie es die Erbauer beabsichtigten. Heute pilgern täglich Zehntausende durch die Palastanlagen. Die Disziplin ist vorbildlich. Niemand schreit, niemand rennt, nichts wird weggeworfen. Die Achtung vor der eigenen Geschichte ist allgegenwärtig. Welch ein Unterschied zu unserem vereinten Vaterland. Aufgewachsen als geschichtslose Generationen im Westen wie im Osten Deutschlands, hält jeder Banause es für ehrenhaft und multikulturell, sich zu schämen, Deutscher zu sein. Denkmäler sind da, um besprüht zu werden, Parkanlagen zur Ablage von Bierdosen. Und der traditionslose Staat tut nichts. Welche Zukunftschancen hat ein Volk, das die D-Mark für die einzige deutsche Errungenschaft hält und nur den Maßstab Geld anerkennt. Was für eine tiefe innere Krise steht diesem unserem Volk bevor. Sehr bald wird das Symbol, das in deutschen Köpfen dreier Generationen noch allein positiv deutsch ist, nicht mehr existieren. Es wird einfach verschwinden. Und dann? Gott schütze dieses Volk ohne Vaterland. Aber warum sollte er sich diese Mühe eigentlich machen?

Der Besuch der „Verbotenen Stadt“ kann Tage in Anspruch nehmen. Wir beendeten ihn nach etwa vier Stunden. Müdigkeit, Regen, Luftfeuchtigkeit, Hunger und Durst ließen nicht mehr zu.
Abschließend statteten wir noch dem „Großen Steuermann“ einen Besuch ab. Ein Lied fiel mir ein. Wir lernten es in der Schule. Das war, bevor sich die „Rote Sonne“ zum „Großen Steuermann“ entwickelte. Die bildhafte Sprache hat sich mir bis heute eingeprägt:

„Osten erglüht,
China ist jung.
‚Rote Sonne‘ grüßt
Mao Zedong.“

Seitdem sind 45 Jahre vergangen. Das Lied und die Taten des Mannes, der jetzt unter der roten Fahne im luftdichten Kristallsarg liegt, gehörten bald dar-

auf nicht mehr zum Lehrplan. Und mein Sohn kann vielleicht schon mit dem Namen nichts mehr anfangen. Ich werde ihn fragen. Noch vor einer Woche hätte ich mir nicht im Traum vorstellen können, einmal China oder Peking oder gar ihn, den „Großen Steuermann“, zu sehen.
Ich wurde sentimental, suchte den Blick meines Freundes Petry. „Danke“, murmelte ich ergriffen. Doch der war meinen Gedanken nicht gefolgt. Der Zeitpunkt war falsch gewählt. „Wofür?“ fauchte er mich an. „Daß ich Dich, vor allem aber mich selbst in diese Waschküche geschleppt habe? Ich hoffe, niemand reißt hier die Hufe hoch. Kannst Du Dir vorstellen, wie wir nach einigen Stunden riechen? Ich ja! Deshalb wünsche ich mir, daß wir hier möglichst schnell wegkommen.“ Der Zauber war verflogen. Der Wunsch offenbar unser gemeinsamer Nenner.

Vor dem Palast wartete Li mit seiner Taxe. Er entdeckte uns zuerst und winkte. „Jetzt gut Restaurant!“ entschied er. Nach wenigen Minuten fuhr er von der Stadtautobahn in ein fast nur aus einstöckigen Häuschen bestehendes Wohngebiet. Das war eine andere Welt. Kleine Gassen, wenig Autos, das Leben spielte sich hier weitgehend auf der Straße ab. Schließlich hielt er vor einem kleinen Holzhaus. Wir hätten darin nie ein Wirtshaus vermutet. Es sei denn, durch einige bunte Lampions, die vom Dach herabhingen. Petry lud Li ein mitzukommen. Der lehnte freundlich, aber bestimmt ab. „Ich nicht wohnen weit. Komme in drei Stunden. Ist o. k.?“ „Ist o. k.“, sagte Petry. Dann war Li weg. Es war eine der kleinen privaten Gaststätten Pekings. Ob Li uns angekündigt hatte, blieb ungewiß. Eine hübsche Frau mittleren Alters kam uns auf der Treppe entgegen und führte uns in das Lokal. Es war angenehm kühl, zirka 80 $m^2$ groß. Sechs Tische, vier davon besetzt. Ausschließlich Chinesen. Für die meisten davon schien es kein alltägliches Ereignis zu sein, eine Gruppe Europäer in ihrer Wohngebietskneipe zu treffen. Sie musterten uns neugierig, interessiert, höflich lächelnd.
Das Zusammenrücken der Tische und Stühle ging flott. Beim Bestellen stockten die Vorbereitungen. Unser Sprachrepertoire war nicht gerade klein. Außer Deutsch sprachen Lehmann und Ellmers ein gutes Englisch. Russisch mehre-

Ein chinesisches Menü in der Pekinger Altstadt

re. Ellmers war im Spanischen gut zu Hause. Das alles nützte gar nichts. Freundliches, aber verständnisloses Lächeln. Dann versuchte er es mit Afrikaans, das er – wie er uns später erklärte – aus seiner Südafrikazeit noch leidlich sprach. Natürlich auch nichts. Den Chinesen fehlte eben die Reisefreiheit. Doch Ellmers erwies sich – wie so oft – auch dieser Situation gewachsen. Er ging von Tisch zu Tisch, fragte etwas, erntete Kopfschütteln, höfliches Lächeln. Schließlich brachte er triumphierend eine junge Frau mit. Sie konnte etwas Englisch. Es dauerte ein Weilchen, bis sie ihre Schüchternheit überwunden hatte. Dann fand sie Spaß an der Übersetzung. Jetzt ging es flott voran. Ellmers stellte ein Menü zusammen. Für mich war schon ein dreigängiges Sonntagsessen etwas Üppiges. Jetzt zauberten die chinesischen Köche Unvorstellbares. Und das ohne jede Vorbereitung. Das Abendessen bestand aus Reis und 21 Fisch- und Fleischgerichten. Es dauerte drei und eine halbe Stunde und wurde mit 60 %igem Reisschnaps gewürzt. Anders hätte ich weder die gedünstete Schlange, noch die Schafsinnereien, geschweige die gebackenen Heuschrecken oder gar die faulen Eier heruntergebracht. Die Chinesen lächelten. Das Interessanteste für sie waren aber nicht wir, sondern Petrys Polaroid-Kamera. Sie wurde lange strapaziert. Jeder Chinese wollte zumindest ein Bild. Am liebsten mit dem bärtigen Glatzkopf und Guru Ellmers. Die Überraschung kam für uns am Schluß. Die Rechnung. Das ganze Gelage hatte umgerechnet etwa 47 Dollar gekostet.

Vor dem Tor stand Taxifahrer Li. Er verstaute uns in seinem Wagen. 20 Minuten später kamen wir müde, aber zufrieden mit dem Tag im Radisson-Hotel SAS an. Dort erwarteten uns zwei Nachrichten. Die erste von Gongors Tochter. Sie teilte mit, daß sie operiert worden sei und noch einen Tag im Krankenhaus bleiben müsse. Aber gegen 9.00 Uhr würde die Kulturattaché-Dame, Frau Tchanzal, die Herren Petry und Lehmann im Europahotel erwarten.

Die zweite Nachricht kam von Steffen Kaisers Büro aus Königsberg (Kaliningrad). Seine Bürovorsteherin teilte uns mit, daß Herr Kaiser übermorgen, um 7.10 Uhr, auf dem Flughafen mit einer Maschine aus Moskau eintreffen würde. Da er keine weitere Zeit verlieren wolle, sollten wir ihn abholen. Von dort könnten wir dann gemeinsam in Richtung chinesisch-mongolischer Grenze weiterreisen. Morgens, 7.10 Uhr, am Flughafen, mit einem Auto, das wir noch nicht hatten, einen Kerl abholen, den ich nicht kannte. Kaiser wurde mir immer sympathischer.

Am nächsten Morgen, halb neun, starteten Petry, Lehmann und ich (ich hatte mich dazugeschummelt) mit Taxifreund Li in das Europahotel. Jetzt zeigte sich, daß unser Freund und künftiger Gastgeber Gongor Dugarsurengin ein umsichtiger und fürsorglicher Gastgeber war. Natürlich hatte uns die Frage beschäftigt, wie wir zur mongolischen Grenze kommen würden. Li hatte sich angeboten, uns für 500 Dollar hinzubringen und für 1000 Dollar sogar durch die ganze Mongolei zu kutschieren. Wir lehnten dankend ab. Weniger mit Blick auf das abenteuerliche Gefährt und den Gedanken an eine Fahrt damit

auf unbefestigten Straßen. Mehr als das verunsicherte uns die Erkenntnis, daß Li die Richtung zur Mongolei nur vage beschreiben konnte. Auch behauptete er, einen Paß in die Mongolei nicht zu brauchen.
Unsinn, dachten wir und kamen in unserer europäischen Überheblichkeit nicht darauf, daß Li die Gepflogenheiten in diesem Teil der Welt vielleicht besser als wir kennen könnte.
Im Europahotel erwartete uns die schöne Attaché-Dame von der mongolischen Botschaft. Frau Tchanzal erklärte uns, daß im Europahotel mehrere gute private Reisebüros untergebracht seien und wir uns für eines davon entscheiden sollten. Ein Auto würde uns zur mongolischen Grenze bringen. Die Strecke sei nur 500 Kilometer lang, ein Besuch der großen Mauer eingeplant. Man benötige zwei Kraftfahrer, einen Dolmetscher und zwei Übernachtungen, für die Gongor aber bereits gesorgt habe. Ich versuchte, mit Hinweis auf die scheinbare Kürze des Weges, meine marktwirtschaftlichen Grundkenntnisse durchzusetzen. Ich schlug vor, auf einen Fahrer und den Dolmetscher zu verzichten. Wir hätten ja Mandai. Zum Glück beachteten die anderen meine Hinweise nicht. Was 500 Kilometer auf den Pisten der Inneren Mongolei bedeuten sollten, lernte ich noch. Was für Sprachen in China alles und wo gesprochen wurden, werde ich nie lernen. Petry und Lehmann entschieden sich schließlich für ein mittleres Angebot. Ein Bus mit Klimaanlage für 14 Personen. Wir waren sechs (einschließlich Kaiser), die beiden mongolischen Damen und die drei Herren der Busbesatzung. Das machte elf. Der Rest sollte das Gepäck fassen. Das war reichlich knapp. Es würde eng zugehen auf der Fahrt.
Das Abenteuer konnte beginnen.

Nachmittags besuchten wir den Sommerpalast. Das Wetter meinte es gut mit uns. Der Sommerpalast ist eigentlich eine Parkanlage von zirka 300 Hektar im Nordwesten Pekings. Die ersten Gebäude sollen Kaiser der Jin-Dynastie um das Jahr 1150 angelegt haben. Etwa 200 Jahre später, unter der Ming-Dynastie (1368 – 1644) wurde der ursprünglich natürliche kleine See durch Ausgrabungen erweitert und auf die heutige Größe von etwa zwei Drittel der

Parkanlage gebracht. Dadurch verbesserte sich allmählich das Mikroklima. Die vom kühlen See zu den Bergen aufsteigenden, angenehm temperierten, laueren Lüfte machten den Aufenthalt – gemessen an der Hitzeglocke der Stadt – richtig angenehm. Deshalb verlegten die chinesischen Kaiser während der Sommermonate ihren Hof an diese Parkanlage, und daraus entstand dann der Name Sommerpalast.

Li setzte uns nach einer knappen Stunde Fahrt auf einem riesigen Parkplatz in der Nähe des Haupteingangs ab. Vor uns ein großes hölzernes Ehrentor, östliches Palasttor genannt. Er meinte, wir würden ihn schon finden, wenn wir genug gesehen hätten. Ich bezweifelte das – angesichts des babylonischen Gewirrs auf dem Parkplatz und zwischen den angrenzenden Verkaufsbuden. Die Pekinger besuchen den Park gern. Nach chinesischen Maßstäben war er heute nur mäßig besucht. Die Menschendichte hielt einem Vergleich mit Leipzig während der Frühjahrsmesse stand – bevor sie zurechtgestutzt wurde. Die Mehrzahl der Besucher waren Kinder. Auch hier hatte Petrys Polaroid-Kamera großen Zuspruch. Fotostar war wieder Rolf Ellmers. Sein gutmütig wirkendes Gesicht mit leuchtender Glatze, umrahmt von kräftigem Vollbart war für die Kinder eine Mischung aus gutem Zauberer und bösem Geist. Für die kleinen Chinesen eine Attraktion, weil ihre Väter mit ihrem kümmerlichen Bartwuchs einem Vergleich nicht standhalten konnten. In ganz China hat kein Kind gebettelt. Nur einer Bitte um ein „Fototerminangebot" mit Ellmers konnten auch die tapfersten der Tapferen nicht widerstehen. Ihre überwiegend hübschen Mütter übrigens auch nicht. Die Bitte, die leuchtende Glatze zu streicheln oder gar den Bart zu bezupfen, wurde fast nur mit den Augen ausgesprochen. Ellmers war der Hahn in unserem Korb.
Zum Abschluß fuhren wir mit einer Drachendschunke über den angenehm kühlen See. Am anderen Ufer erwartete uns lächelnd Herr Li. Er fuhr noch einmal durch das alte chinesische Viertel und verwies auf mehrere „seer gutte" Gaststätten. Doch vor uns lag die Reise. Deshalb zogen wir es vor, das Abendessen im klimatisierten SAS-Hotel einzunehmen. Vielleicht war die Entscheidung richtig. Die Qualität des Essens lag aber mindestens fünf Klas-

sen unter dem gestrigen. Doch es gibt immer einen Ausgleich. Der Preis war sechs mal höher – auch ohne den 60 %igen.

## Zur Grenze

Ich hatte die leise Befürchtung, die mongolischen Damen könnten es mit der Pünktlichkeit nicht so genau nehmen. Das hätte unabsehbare Folgen nach sich ziehen können. Doch das erwies sich als unbegründet. Kaum hatten wir das komplizierte Auscheckmanöver beendet, waren sie da. Begleitet von der treuen Botschaftsdame und unseren neuen Mitreisenden. Zwei chinesische Kraftfahrer und der Dolmetscher waren gerade dabei, unser Reisegepäck in den Kleinbus zu verstauen. Welche Sprachen der Dolmetscher für uns eigentlich dolmetschen sollte, verstand ich erst hinter der großen Mauer. Die vor allem in der Inneren Mongolei lebenden Völker sprechen, wenn überhaupt Chinesisch, dann nicht das, das in Peking gesprochen wird. Und die mongolische Sprache, die unsere beiden Damen aus Ulan-Bator als Muttersprache gelernt hatten, wurde in der Inneren Mongolei auch nicht oder nicht mehr gesprochen.

Am Abend sollte uns ein Herr aus der Inneren Mongolei in der Hotelbar der Kleinstadt etwas über die chinesische Nationalitätenpolitik erzählen. Vor, während und nach der Kulturrevolution hatte es in China gegenüber Minderheiten eine Nationalitätenpolitik gegeben, die eine rasche Assimilierung anstrebte. Alle werden ein großes chinesisches Volk. Neu waren die Methoden, das zu erreichen, nicht. Zimperlich ebenso wenig. Eine davon schilderte er so:
Junge Männer im heiratsfähigen Alter eines Minderheitengebietes wurden gleichzeitig zum Militär eingezogen. Die entstandenen Lücken in der Demographie füllte man mit jungen chinesischen Soldaten aus. Einquartiert wurden sie in Familien mit heiratsfähigen Töchtern. Alles weitere überließ man den Kräften der Natur. Kam es zu Bindungen zwischen den jungen Leuten,

gehörte es zum Ehrenkodex, diese zu legalisieren. Ähnliches soll mit den jungen Männern der Minderheiten geschehen sein, die in rein chinesischen Gebieten dienten. Theoretisch wäre das Problem der „ethnischen Säuberung“ in zwei bis vier Generationen verhältnismäßig human zu lösen gewesen. Praktisch habe ich da schon meine Zweifel. Sollte es aber so gewesen sein, hatten die Methoden einen unbeabsichtigten, aber zu bemerkenden Nebeneffekt. Europäer können Chinesen von Angehörigen der dort lebenden Minderheiten nur schwer unterscheiden. Uns fiel nur die überdurchschnittliche Schönheit vieler junger Mädchen auf. Mein Gesprächspartner erklärte mir in der Bar: Die „schönsten der Schönen“ seien für ihn als Chinesen klar erkennbar das Ergebnis der Bemühungen von Eltern unterschiedlicher ethnischer Gruppen. Ich wagte, beeindruckt wie ich war, nicht weiterzufragen. Auch räume ich ein, daß ich vielleicht nicht alle Feinheiten des im englisch-deutschen Gemisch geführten Gesprächs verstanden habe. Geführt wurde es zu früher Stunde, und eine Flasche 60 %iger Reisschnaps war auch dabei. Zu diesem Zeitpunkt war der neben mir sitzende Herr Kaiser, der Englisch wie seine Muttersprache beherrschte, bereits selig entschlafen. Aus der Traumwelt bereicherte er das Gespräch durch gelegentliche Einwürfe wie „Yes, Yes“ oder „Dammich!“ Alles andere mußte ich selbst beisteuern. Der wie ich Englisch nur Brocken Deutsch sprechende chinesische Herr meinte, als wir uns trennten, ich wäre für ihn der interessanteste Gesprächspartner des Abends gewesen. Die Deutschen seien überhaupt das liebenswerteste Volk der Erde – nach den Chinesen natürlich – fügte der Herr noch hinzu. „Kunststück“, sagte Lehmann am anderen Morgen, als ich es ihm erzählte. „Kaiser schlief und sonst war keiner da.“

Ich benutze diesen Vorgriff auf künftige Ereignisse, um darauf zu verweisen, daß es nicht Faulheit unserer schönen Chinesischlehrerin Mandai war, wenn sie sich für die Sprachen der Völker der Inneren Mongolei nicht zuständig fühlte. Der zusätzliche Dolmetscher galt wohl der allgemeinen Sicherheit.

Gongors Tochter Bolorma hatte die Operation offenbar leidlich überstanden. Sie wirkte blaß und das Sitzen schien ihr Schmerzen zu bereiten. Doch sie klagte nie. Schließlich war das Gepäck mit Mühe verstaut, und der Kleinbus schob sich vom Hotelvorplatz mitten hinein in das Gewühl von Bussen, Rikschas, Fahrrädern, Autos, Eselskarren und Motorrädern mit Anhängern aller Art, die sowohl zur Beförderung von Lasten als auch Tieren und zumindest genauso oft Menschen dienten. Vorsichtig drängte sich unser Bus in das scheinbar unentwirrbare Gewühl der sechsspurigen Straße, ohne daß irgend jemand zu erkennen gab, daß wir darin keinen Platz finden könnten, geschweige denn unwillkommen wären. Als ich die Augen wieder öffnete, weil der befürchtete Knall ausgeblieben war, schwammen wir bereits in der dritten Spur. Niemand hatte hektisch reagiert, geschimpft, die Lichthupe betätigt oder uns den internationalen Kraftfahrergruß geboten. Was für ein Volk!

30 Minuten später hielten wir vor dem Flughafen. Petry, Lehmann und Frau Haft, die Herrn Kaiser kannten, stürzten sich in das Gewühl. Sie mußten ihn irgendwo im Inneren des Hauses in Empfang nehmen. Die sehen wir so schnell nicht wieder, dachte ich. Doch schon wenige Minuten später standen sie alle da. In der Mitte ein nicht gerade leichtgewichtiger Mittdreißiger – Typ erfolgreicher Geschäftsmann – mit zwei bemerkenswerten Koffern. Hier gab es dann auch den ersten „Beziehungskonflikt“. Mein Freund Petry erklärte dem übermüdeten Herrn Kaiser umständlich, daß die beiden neuen Ungetüme nicht mit in die Mongolei reisen könnten. Es wären zwei Gepäckstücke insgesamt vereinbart. Also umpacken oder hier lassen. Kaiser, sichtlich genervt, meinte, daß er alles Eingepackte brauche. Er wolle anschließend nach Tibet weiterfliegen. Im übrigen bestimme er selbst, was er mitnehme. Das war nicht der Ton, der bei meinem Freund einen hellen Klang zu erzeugen pflegte. Ich ahnte, was kommen würde. Doch die Situation eskalierte nicht. „Jeder trägt seins“, sagte Ellmers auf seine Art, die endgültig klang. Sofort aber wechselte er Ton und Gesichtsausdruck. „Hallo, Steffen Kaiser. Ich bin Rolf Ellmers. Wir duzen uns alle. Also paß' auf. Versuch' Deine Koffer einzuladen und such' Dir dann einen Sitzplatz.“ Einer der Fahrer wollte helfend zugreifen, doch Ellmers hielt ihn zurück. „Jeder das Seine, habe ich gesagt.“ Nach einigen Minuten gab Kaiser auf und begann umzupacken. Drei Gepäckstücke wanderten schließlich in den Botschaftswagen. Er würde sie dort holen – auf

der Rückreise. Das war eine gute Tat, wie sich bald herausstellen sollte. Klitschnaß durch die für ihn ungewohnten Anstrengungen, die Hitze und die unübersehbare Übermüdung stellte er sich jetzt vor. „Ich bin der freundliche Herr Kaiser von der Versicherung." Der Beifahrer räumte seinen Platz für ihn. Kaiser war dankbar, wir auch, denn es war schon so eng genug. Noch bevor wir uns von unserer hilfreichen „Botschafterin" dankend verabschiedet hatten, schlief Kaiser den Schlaf des Gerechten oder zumindest den des Übernächtigten. Erst an der großen Mauer sollten wir wieder etwas von ihm hören.

Zunächst gab es nur wenig zu sehen. Die Fahrt führte in nördliche Richtung. Die überfüllten Straßen Pekings nahmen nach und nach europäische Belastungsquoten an.

Petry, Lehmann und Ellmers spielten Skat. Diesmal gewann Petry. Es ging ja auch um nichts. Neben mir saß Mandai. Ich versuchte, sie zu unterhalten. Doch ich kam nicht recht voran. Sonst nicht gerade schüchtern, versetzten mich ihre großen Mandelaugen in eine Befangenheit, die ich einfach nicht überwinden konnte. Nichts, was eine junge mongolische Dame interessieren könnte, wollte mir einfallen. Ellmers dagegen quatschte – unbeirrt von seinen Skatniederlagen – von der anderen Seite auf sie ein. Was der Mensch für einen hanebüchenen Unfug zusammenschwatzte. Und natürlich englisch, damit ich nicht parieren konnte. Mir wurde richtig schlecht. Mandai schien es nicht so zu empfinden. Sie lachte sogar über seinen Schwachsinn und plauderte schnell und unbefangen. Nicht etwa deutsch, sondern ebenfalls in ihrem mongolisch gefärbten Englisch. Ellmers grinste mich an. Ich hatte alle Mühe, wenigstens ungefähr den Sinn mitzukriegen. Blödsinn, natürlich. Soweit reichten meine Sprachkenntnisse. Trotzdem ärgerte ich mich. Wochen zuvor hatte ich das Angebot meines Erstgeborenen, mit ihm gemeinsam einen Englisch-Intensivkurs zu besuchen, brüsk abgelehnt. „Bei uns hier in Lindenberg wird deutsch gesprochen, und wo ich hinfahre auch", hatte ich wohl gesagt. Na, Schwamm drüber. Woher sollte ich wissen, daß Typen wie Ellmers sich im Ausland ihrer Muttersprache schämen? Ich nicht. Punkt.

Nach zwei Stunden Fahrt traten die bebauten Flächen zurück. Man sah Felder und ab und an sogar etwas Waldähnliches. Die Pekinger Tiefebene schien hier auszulaufen. Die bis dahin flache, ja öde Landschaft wurde hügeliger und abwechslungsreicher. Die Felder ähnelten großen Gartenanlagen. Kleine, intensiv bebaute Flächen. Viele Menschen sind nötig, um diese Art von Landwirtschaft zu betreiben. Daran herrscht ja kein Mangel. Wir passierten Xuanhua, einige Zeit später Zhangjiakou. Dann wurde das Land allmählich bergig und ganz plötzlich lag sie vor uns, die Große Chinesische Mauer. Das einzige Bauwerk der Erde, das man vom Mond aus sehen kann. Weit über 5000 Kilometer schlängelt sie sich über hohe Berge und tiefe Schluchten – manchmal sogar doppelt – vom gelben Meer bis weit in die Wüste Gobi. Als Kaiser Shi Huang (259–210 v.d.Z.) ein einheitliches chinesisches Reich schmiedete, vereinigte er die bereits bestehenden Teilmauern, von früher selbständigen Fürsten zur Abwehr der Nomaden errichtet, zu einem ungeheuren Festungswerk. Das alles kann man nachlesen.

Das Leben ist größer. Nie hätte ich mir diese Mauer so hoch, so gewaltig, so majestätisch, so übermenschlich vorgestellt. Wie lange, wie viele Generationen an diesem Bauwerk wohl gearbeitet haben? Gewiß, auch das kann man irgendwo nachlesen. Nur vorstellen kann ich es mir nicht. Ob es eigentlich jemals einen Krieg vor oder hinter dieser Mauer gab, der so viele Menschenleben kostete wie der Bau dieser Verteidigungsanlage selbst? Und das alles nur zur Abwehr eines Nomadenvolkes. Einer Reiterhorde, die nichts von dem besaß, was diejenigen hatten, die sich hinter der Mauer verbargen. Geld und Kultur, Porzellan und eine Schrift und Schulen für Offiziere und Ingenieure und Schießpulver, lange bevor die Nomaden, die dann kamen, überhaupt wußten, daß es so etwas geben könnte. Wie sollte eine Reiterhorde allein durch diese Berge kommen – auch ohne Mauer? Und dann dieses Bauwerk bis zu 50 Meter hoch und 30 Meter breit, durch gewaltige Wehrtürme verstärkt, überwinden? Unvorstellbar. Und dennoch geschah es.

Im Jahre 1211 führte Dschingis Khan nicht eine wilde Horde, sondern eine Reiterarmee, mit eiserner Disziplin ausgestattet, vor diese Mauer. Nein, er ließ

Die chinesische Mauer bei Badaling

seine Reiter nicht den aussichtslosen Kampf mit den Verteidigern des Steinkolosses aufnehmen. Er war nicht gebildet im Sinne der Chinesen, aber er war schlau, er kannte die Menschen – besonders ihre Schwächen. „Eine Mauer ist immer so stark wie die Herzen ihrer Verteidiger", soll er gesagt haben. Das war später vor Samarkand, als er schon wußte, was Mauern wert sind, hinter denen Feiglinge befehlen. Dann kaufte er einige Wächter. Die öffneten seiner Armee nachts die Tore. Die anderen erwachten nie mehr aus ihrem tiefen Schlaf. Den hatten sie, sich hinter der gewaltigen Festungsanlage sicher wähnend, ihrer Pflicht vorgezogen. Und dann muß das Unvorstellbare geschehen sein. Eine Nomadenarmee, geführt von dem eisernen Willen eines einzigen, eroberte ein Reich, das über Armeen, dreißigmal stärker als die der Angreifer, verfügte. Die Angegriffenen besaßen Ingenieure, die Wurfmaschinen konstruiert hatten, wie es sie noch nirgendwo auf der Welt gab. Sie hatten Pulver erfunden, konnten Stahl schmieden, besaßen eine Nachrichtentechnik und mit Taktik, Strategie und Kriegsgeschichte ausgebildete Offiziere. Nur einen Heerführer besaßen sie nicht. Der stand auf der anderen Seite. Es dauerte vier Jahre, bis der nördliche Teil Chinas von den Mongolen erobert und bis Peking eingenommen war. Da halfen weder Wurfmaschinen noch Ingenieure, weder Stahl noch Schießpulver, und Offiziersschulen auch nicht. Einmal geschlagen, stand all das nun im Dienst des Eroberers. Jetzt konnte der wohl bedeutendste Heerführer, Staatsmann und sicher auch Demagoge die Weltgeschichte neu schreiben. Ohne die indirekte Hilfe der Chinesen hätte Dschingis Khan nie ein Weltreich errichten können, das es in diesen Ausmaßen nie zuvor gegeben hat und hoffentlich auch nie mehr geben wird. Chinesische Ingenieure, von der eisernen Mongolenhand geleitet, brachten die scheinbar uneinnehmbaren Mauern von Buchara, Samarkand bis Kiew zum Einsturz. In China konstruierte Wurfmaschinen legten Städte in Trümmer, die lange als uneinnehmbar galten. Chinesen entwickelten in dem sich immer schneller ausdehnenden Riesenreich ein vorbildliches Verwaltungssystem. Sie optimierten die Steuereinnahmen. Sie schufen eine „Schnellpost", die in heute kaum vorstellbarer Geschwindigkeit Riesenentfernungen überwand. Sie erarbeiteten mit der „Jassa Dschingis Khans" ein Gesetzeswerk. Das überdauerte

– im Gegensatz zu dem vieler anderer großer Herrscher – den Tod des „Reichsgründers“ über Generationen. Kriege zwischen den Nachkommen des Khans der Khane konnten so weitgehend verhindert werden. „Man kann eine Welt im Sattel erobern, aber regieren kann man sie vom Sattel aus nicht“, soll einer der chinesischen Helfer Dschings Khans geraten haben. Und der gab ihm Handlungsspielraum. Erst nach Generationen fiel die Mongolei durch den ungeheuren Aderlaß, den ihr zuerst die Kriege, dann die Armeen zur Befriedung der eroberten Gebiete und schließlich die Integration mit den Besiegten abforderten, immer mehr zurück und wurde schließlich selbst Opfer ihrer inzwischen erstarkten Nachbarn.
All das hatte vor knapp 800 Jahren hier irgendwo an dieser Mauer seinen Anfang genommen. Nie zuvor in meinem Leben hatte ich, über 10.000 Kilometer von meinem heimatlichen Lindenberg entfernt, den Hauch der Geschichte so nah und für mich persönlich so gegenwärtig empfunden. Was wäre wohl geschehen, wenn die Mongolenheere Batu Khans nach der Schlacht vom 9. April 1241 bei Liegnitz nicht hierher zurückbeordert worden wären? Wen von uns gäbe es dann eigentlich?

Meine Gedanken wurden gestört durch den plötzlichen Halt auf dem Parkplatz zu Badaling – am Fuße der Großen Mauer. Die Fahrt hatte gerade knapp drei Stunden gedauert. Von Peking kann man auch mit Linienbussen hierher fahren. Zweimaliges Umsteigen inklusive. Und schon war man in einer vergangenen Welt. Alle stiegen beeindruckt aus dem Bus. Steffen Kaiser war noch benommen durch sein tagelanges Umherfliegen in der Welt. Nur mit Mühe holten wir ihn ins Reich der Lebenden zurück. Parkgebühren, Eintrittskarten und Gondelgebühren wiesen die Chinesen als geschickte Geschäftsleute aus. Ich zweifelte keine Sekunde daran, daß sie die Baukosten, die ihre Vorfahren einst aufgewandt hatten, um diesen steinernen Koloß zu errichten, in wenigen Jahren mit Zins und Zinseszins eingespielt haben werden.
Interessant, welche Wandlungen Waffensysteme nehmen. Vielleicht werden Amerikaner und Russen in einigen Jahrzehnten gezwungen sein, zumindest die Attrappen ihrer Atombomben auszustellen. Die einen vielleicht auf dem

Broadway, die anderen auf dem Roten Platz. Dann werden die Nachkommen der einst damit bedrohten Völker freiwillig einen kleinen Obolus in Form einer Eintrittskarte oder von Parkgebühren entrichten. Das könnte nötig werden. Wer Bedroher sein will, darf die Kosten nicht scheuen. Die einen wissen es schon und die anderen werden es lernen. Das ist der gerechte Lauf der Welt. Weltverbesserer und Weltgendarm als Bettlervölker. Dafür lohnte es sich, lange zu leben.

Nach zwei Stunden mahnte Bolorma immer ungeduldiger zum Aufbruch. Ich räumte ein, daß ich mich nur schwer von dem Anblick der Mauer lösen konnte. Die anderen wohl auch. Doch dann kauften wir Getränke zu Preisen wie im Hotel Kempinski. Und dann ging es schon los. Nach wenigen Kilometern hörte die asphaltierte Straße auf und ging in eine Piste über. Entgegenkommende oder vor uns fahrende Autos waren kilometerweit durch die Staubwolken zu erkennen, die sie aufwirbelten. Es war trocken und warm. Das Land – im Frühjahr ein unendlich grünes Meer – verlor jetzt schnell seine Farben und ging in ein unregelmäßiges Gelbbraun über. Vor uns lag die riesige Innere Mongolei. Mit 1.183.000 km$^2$ ist sie so groß wie Frankreich, Deutschland und Polen zusammen, hat aber nur 21,5 Millionen Einwohner. Das sind einige mehr, als in Nordrhein-Westfalen leben. Die Hauptstadt Hohhot spielt national eine ganz geringe und international überhaupt keine Rolle.
1757 – während der Mandschu-Dynastie (1644–1912) – hatte China die ganze Mongolei erobert und sie zu ihrer Provinz erklärt. Das blieb so bis zum 18. November 1911. Als in China die Revolution ausbrach, nutzte der mongolische Groß-Hutuktu, was soviel wie „lebender Buddha" bedeutet, die günstige Situation und erklärte die Unabhängigkeit der Mongolei. Das gelang aber nur für die Äußere Mongolei. Sie ist flächenmäßig größer. Einwohnerzahl und wirtschaftliche Bedeutung waren damals weniger wichtig. Die Innere Mongolei blieb eine chinesische Provinz. Für die Äußere Mongolei begann eine eigentlich bis heute anhaltende Gratwanderung zwischen den Interessen ihrer beiden mächtigen Nachbarn. Von der mongolischen Intelligenz als „Gleichgewicht des Schreckens" bezeichnet. Gerade unabhängig geworden,

mußte sich der junge mongolische Staat unter den Schutz Rußlands – seines nördlichen Nachbarn – stellen. China betrachtete die Mongolei lange als seine Einflußsphäre. 1949 fand die Chinesische Revolution ihren Abschluß durch die Gründung der Volksrepublik China. Es gab wichtigeres zu tun, als sich um eine entlegene zeitweilige Provinz zu kümmern. 1946 – im Ergebnis des 2. Weltkrieges und unter dem Druck der Westmächte und der Sowjetunion zugleich – hatte China die staatliche Unabhängigkeit der Mongolei anerkannt. Taiwan, das sich Nationalchina nennt, aber bis heute nicht. Das änderte nichts daran, daß „chinesische Helfer" sofort nach der Revolution wieder in der Mongolei Einfluß zu nehmen versuchten. Nicht ohne Erfolg. Wichtige Brücken und Gebäude in Ulan-Bator lassen deutlich genug erkennen, woher Architekten und Geld dafür gekommen sind. Doch die Geduld des nördlichen Nachbarn war nicht unbegrenzt. Plötzlich kam es zu Unstimmigkeiten zwischen dem „Vater der Völker", Soso Dshugaschwili, Stalin, und der „Roten Sonne" Mao über den rechten Weg. Wenige Jahre später konnten sich „Maisbauer" Chruschtschow und sein stärker gewordener Amtsbruder – inzwischen von der „Roten Sonne" zum „Großen Steuermann" gemausert – nicht mehr einigen, wer der Kapitän des Schiffes „Sozialismus" sei. Dadurch flogen die chinesischen Helfer auch aus der Mongolei. Das sollte einige Jahrzehnte so anhalten. Zuvor schon hatte die Sowjetunion sich der Mongolei selbst angenommen. Während der Interventionskriege floh der weißgardistische General Ungern-Sternberg mit seinen Resttruppen über die sibirische Grenze in die Mongolei, die 1918–1919 gerade wieder einmal von chinesischen Truppen besetzt war. Die schienen sich mit denen Ungern-Sternbergs nicht sonderlich vertragen zu haben. Den Hinrichtungen, Verfolgungen und allgemeinem Terror sahen sich nicht nur die rasch fliehenden chinesischen Besatzer ausgesetzt. Auch die Lamapriesterkaste litt. Mäßig, an dem gemessen, was noch kommen sollte. Bald rückten sowjetische Truppen unter dem Revolutionsgeneral Tschapajew und dem Nationalhelden Suche Bator, der die mongolischen Revolutionstruppen kommandierte, in die Mongolei ein. Im Jahre 1921 waren die letzten Weißgardisten vertrieben. Ungern-Sternberg schaukelte am Galgen. Und Volksheld Suche Bator rief im Auftrage der Mongolischen Revolutionären Volkspartei die „Mongolische Volksrepublik“ aus. Keine Umgestaltung ohne Opfer. 40 % der männlichen Bevölkerung sollen Lamas gewesen sein. Träger des Wissens, der Geschichte des Volkes und Träger auch der mongolischen Volkskrankheit, der Syphilis, sagten die Propagandisten der neuen Welt. Zumindest sollen sie an deren Verbreitung maßgeblich beteiligt gewesen sein. Das mongolische Erziehungssystem übertrug die Ausbildung Jugendlicher allein den Lamas und dazu soll auch die praxisnahe Sexualerziehung gehört haben.

1924 lebten in der Mongolei noch zirka 800.000 Menschen. Die Revolutionsarmee befreite die mongolischen Araten nicht nur von einer der Leibeigenschaft nahekommenden Knechtschaft, sondern auch von der „körperlichen und geistigen Syphilis“, lehrte man später.

Klosterruinen überall im Land weisen jetzt noch auf das hin, was es einmal gab. Heute existiert in Ulan-Bator noch ein bedeutendes Lamakloster, das auch im Sozialismus nicht ohne Einfluß im Land, mehr vielleicht noch im Ausland war. Der Exodus der Mönche bedeutete mehr. Bibliotheken, Archive, Wissen des mongolischen Volkes wurden vernichtet. Die Syphilis allerdings wurde auch besiegt, und der bedrohliche Bevölkerungsrückgang konnte gestoppt werden, wenn auch nicht ganz so schnell, wie Optimisten einmal glaubten.

## Grenzübergang

Die Große Mauer lag hinter uns. Langsam wurde die Fahrt durch die Innere Mongolei abwechslungsreicher. Kleine Ansiedlungen wechselten mit ausufernden Kleinstädten. Platz scheint zumindest in diesem Teil Chinas keine größere Rolle zu spielen. Der Verkehr dünnte immer mehr aus. Eselskarren, beladene Maultiere und Minitraktoren bestimmten das Straßenbild. Es schien, als kämen wir in das Knoblauch-Hauptanbaugebiet der Welt. Mit Knoblauch beladene Lasttiere und Fahrzeuge, wohin man auch blickte. Keine gute Gegend für Vampire. Die Städte Zhangbei und Gonghui dagegen schienen die Kohlengruben Chinas zu sein. Überall lagen Kohlenberge. Der schwarze Staub saß auf den Fassaden der Häuser. Die wahrhaftig nicht schönheitspreisverdächtigen Gebäude bekamen so ein noch tristeres Aussehen. Kraftwerke bliesen ihren Kohlenstaub ohne jede Filteranlage in die Luft. Noch nie habe ich solche Rußwolken in und über einer Stadt gesehen. Das Atmen fiel schon im Auto schwer. Steffen Kaiser röchelte im Schlaf vor sich hin. Er hatte Glück und träumte. Von der realen chinesischen Welt der Inneren Mongolei sah er nichts. Den Begriff Umweltschutz scheint man hier noch nicht zu kennen. Gegen diese Städte war selbst Bitterfeld in seinen schlimmsten Zeiten eine Art Kurort. Ich weiß, wovon ich rede. Ich habe einige Jahre gleich nebenan – in Wolfen – gearbeitet und gewohnt. Mein Freund Petry sah ratlos durch die Scheiben. Was hatte er nicht vor Jahren alles über die Mongolei erzählt. Wolkenloser Himmel. Klare Luft, saubere Flüsse, Ruhe, die unwirklich anmutet. Menschenleeres Hochland von unendlicher Weite. Und jetzt, ich kam mir vor, als wäre ich von Lindenberg in mein sozialistisches Wolfen-Nord zurückgekehrt, nur Wolfen-Nord war inzwischen 50 Jahre älter geworden. Das hätte uns erwartet. Die anderen dösten. Die zerstörte Landschaft wurde ignoriert. Die verstörten Menschen auch. Die kämpften zwischen ihren „verrußten Häuser“ mit Atembeschwerden, hin und her hastend, keinen Blick für die reichen Europäer, die ihre Stadt durchreisend beehrten. Bolorma schien zu erraten, was mich beschäftigte. „Das hier ist nicht mehr Mongolei, Horst. Das ist jetzt China. So wollen Mongolen nicht leben.“ „Chinesen auch nicht“, sagte ich schärfer als gewollt. Da keiner antwortete, schwieg sie traurig.

Die Landschaft blieb nicht so. Allmählich verschwand die Industrieregion. Nach und nach kamen wir in die Steppe. Die ersten Viehzüchter und Jurten tauchten auf. Verkehrszeichen hatten wir schon seit Stunden nicht mehr gesehen. Ein Rätsel, wie die beiden Fahrer an jedem Abzweig immer die richtige Piste wählten. Ein System, wann nach links und wann nach rechts abgebogen werden mußte, konnte zumindest ich nicht erkennen. Unser Reiseziel war Jining, eine Stadt mit etwa 50.000 Einwohnern. Dort würde der örtliche

Buchhändler uns empfangen und auch für Übernachtung und kulturelle Umrahmung sorgen, erklärte uns Bolorma. „Falls wir ankommen, natürlich nur", wandte Lehmann sarkastisch ein. „Was meinst Du?" wandte ich mich an den alles gelassen nehmenden Ellmers. „Finden die die Stadt?" Ich fragte, weil ich – genau wie Lehmann und sicher Petry auch – Unruhe im Team unserer drei chinesischen Experten bemerkt hatte. Die einbrechende Dunkelheit konnte wirklich nicht mehr geleugnet werden. Auch die uns bei der Abfahrt bekanntgegebene Ankunftszeit war bereits weit überzogen. Ringsum eine gleichbleibende Steppe. Hügel links, Hügel rechts. Ab und an eine Pistenkreuzung. Es schien doch Regeln beim Abbiegen zu geben. Nur kannten unsere Fahrer sie offenbar nicht genau. „Streng Dir nicht den Kopf der Chinesen an", antwortete Ellmers gedehnt. „Ich bin einmal in Südafrika mit ..." Was er in Südafrika erlebt hatte, sollte ich nie erfahren. Der Wagen hielt, die Chinesen fingen in ihrem Singsang an zu streiten. „Was ist los?" fragte ich Mandai, die interessiert zugehört hatte. „Dolmetscher sagt, sie gefahren falsch. Sie sagen, sie fahren richtig." „Dolmetscher sollen dolmetschen und Fahrer fahren", sagte Ellmers zu Mandai. „Übersetze ihnen das." „Übersetzen Sie das nicht", mischte sich Petry ein. „Der Dolmetscher stammt aus dieser Gegend?" „Ja, dieser Gegend", wiederholte Mandai. „Dann sollten wir den Herren Fahrern sagen, sie sollen fahren, wie der Dolmetscher es ihnen sagt." Mandai übersetzte, doch das Palaver ging weiter. „Warum fahren sie nicht?" fragte Lehmann. „Dolmetscher sagt, sie sollen Piste verlassen und westwärts fahren. Sie sagen, Piste verlassen nicht gut für Auto." Ellmers legte dem am Steuer sitzenden Chinesen die linke Hand auf die Schulter und zeigte mit der rechten westwärts. „Fahren Sie, wie der Dolmetscher sagt." Das kam ruhig, aber bestimmt. Es bedurfte keiner Übersetzung. Der Fahrer drehte sich um und grinste. Er sagte etwas. Bolorma übersetzte: „Der Fahrer sagt, daß er nicht versichert ist, wenn er von der Piste abfährt." „Fahren soll er. Wenn die Karre zerfällt, reden wir weiter. Los jetzt. Ich habe Durst. Du auch?" Ellmers legte Mandai vertraulich den Arm um die Schulter und schüttelte sie hin und her. Sie lachte. „Geldsack", murmelte ich. Der Fahrer wendete und fuhr quer durch die Steppe. Murmeltierhügeln und Fuchsbaulöchern genauso geschickt ausweichend, wie gefährlich großen Steinen. Nach einer Stunde zeigten sich einzelne, dann immer mehr Lichter. Es war Jining. Der Dolmetscher hatte recht gehabt. Petry wischte sich den Schweiß von der Stirn. Ellmers sang ein Lied in Afrikaans und hatte beste Laune. 20 Minuten später hielten wir vor einer mittelgroßen Buchhandlung. Wir hatten vier Stunden Verspätung. Ein stattlicher Mongole, Mittvierziger, seit kurzem Inhaber dieser Buchhandlung mit zwölf Beschäftigten, entschuldigte sich vielmals, daß seine Mitarbeiter nicht länger hätten warten können. „Kleine Kinder und wohnen außerhalb in Dörfer. Letzter Bus. Du verstehn. Ich sehr traurig." Petry entschuldigte sich, daß wir so spät gekommen wären und ihm Mühe gemacht hätten. „Keine Mühe", sagte er in recht gutem Deutsch. „Ihr Gongors Freund, ich Gongors Freund, Ihr meine Freunde – alles klar?" „Alles klar!"

Kurze Zeit später waren wir im Hotel. Erstes Haus am Platz. Es gibt schlechtere in Deutschland. Bessere auch. Jeder bekam ein Einzelzimmer. Alle mit Duschen. Einige funktionierten. Der Preis war mit 15 Dollar für uns nicht hoch bemessen. Das Abendessen näherte sich in Aufwand und Qualität dem in Peking geschilderten. Mandai und Bolorma verabschiedeten sich sofort nach dem Essen. Letztere hatte sicher auf der Fahrt einiges auszustehen gehabt. Der Preis des Abendessens lag bei 65 Dollar. Für alle zusammen. Allerdings mit einer Flasche Reisschnaps. Diesmal ein spezieller der hiesigen Brennerei. „Leider nur 40 %", bedauerte unser buchhändlerischer Jungunternehmer. Dann der Streit ums Bezahlen. Lehmann setzte sich durch, aber nur, weil unser mongolisch-chinesischer Kollege darauf bestand, uns in die Bar einzuladen. Ute Haft meinte, sie wolle den deutsch-mongolischen Herrenabend nicht stören und verabschiedete sich ebenfalls. Die Bar war ein besonderes Ereignis. Etwa zehn bis zwölf hübsche Mädchen achteten darauf, daß sich keiner der Gäste langweilte. Unser Gastgeber sagte, das sei hier üblich. Die Mädchen seien nur zum Unterhalten da. Alle können Fremdsprachen und üben tagsüber verschiedene Berufe aus. Das hier wäre ein durchaus anerkannter kleiner Dazuverdienst. Mit Prostitution habe das nichts zu tun.

Die größte Überraschung war für mich Steffen Kaiser. Ausgeschlafen auf der langen Fahrt, bestritt er die Unterhaltung. Er war munter wie ein Fisch im Wasser, geistreich, charmant und trinkfest wie ein Dragoner. Petry und Lehmann verabschiedeten sich bald und forderten auch uns – mit Hinweis auf den nächsten langen und anstrengenden Tag – zum Aufbruch auf. Das leuchtete ein. Doch Ellmers versuchte sich im Flirt mit einer Chinesin und war zur Zeit dabei, mit Händen und Grimassen Chinesisch zu lernen. Kaiser und der Buchhändler unterhielten eine Gruppe älterer Honoratioren aus Jining. Kaiser bat mich zu bleiben, und ich blieb. Schon wegen der Annalen. Die Jininger interessierten sich für die weitgereisten Fremden. Kaiser in seinem Element, brillierte mit englischen, russischen und italienischen Sprachkenntnissen. Doch plötzlich, mitten in einem druckreif vorgetragenen Bonmot, schlief er ein. Seine tagelangen Überanstrengungen forderten Tribut. Was folgte, habe ich bereits geschildert. Der Rest blieb auf meinen Schultern liegen. Irgendwann brachten mein buchhändlerischer Freund, Rolf Ellmers und ich Steffen Kaiser in sein Zimmer. Dort verabschiedeten wir uns mit einem Lied, von dem der Buchhändler und ich den Text kannten. Die Melodie bald das ganze Hotel. Kaiser und Ellmers sangen „la, la, la", ich deutsch und unser Buchhändlerkollege wahrscheinlich chinesisch. Der deutsche Text geht etwa so:

„Durchs Gebirge, durch die Steppen zog,
uns're kühne Division.
Hin zur Küste, dieser weißen,
heiß umstrittenen Bastion ...
Und so jagten wir zum Teufel
General und Ataman.
Unser Feldzug fand sein Ende
erst am Stillen Ozean."

Mein berühmter lyrischer Tenor schraubte sich hoch und kämpfte den chinesischen Singsang glatt nieder. Weiter kamen wir nicht. Petry öffnete seine Tür.

„Ich dächte, wir wären hier Gäste, oder?“ Das kam leise. Wum! Das war die Tür. Wir gingen schlafen. „Es hat keinen Zweck, humorlose Leute mit Gesang erfreuen zu wollen“, sagte ich noch, dann schliefen wir.

Beim Frühstück – diesmal um 6.00 Uhr früh – wurden Kaiser, Ellmers und ich spöttisch begrüßt. Ich räumte ein, daß wir einige Schwierigkeiten mit dem Kopf hatten. „Das rechtfertigt es aber noch lange nicht, unsere Sangeskunst so zu mißachten“, meinte ich lauter – aber auch das wurde nicht beachtet. Da betrat mein mongolisch-chinesischer Sangesbruder topfit die Szene. Wir bedankten uns überschwenglich bei ihm für den wunderschönen, für uns erst vor ein paar Stunden zu Ende gegangenen Abend. Die Einladung, seine Buchhandlung zu besuchen, konnte nicht abgelehnt werden. Seine Mitarbeiter wären extra alle schon sehr früh gekommen, meinte er. Der Empfang war herzlich. Mindestens zwei der hübschen Mädchen kamen mir irgendwie bekannt vor. Einordnen konnte ich sie aber nicht. Die Buchhändler unter uns – und das waren für meinen Geschmack zu viele – kamen ins Fachsimpeln. Ich sah mir das Sortiment an. Eine Gesamtausgabe vom „Großen Steuermann“ fiel sofort durch den roten Ledereinband auf. Ein ganzer Stoß deutsch-mongolischer Gesprächsbücher. „Autor ist Bolormas Vater“, meinte Mandai – plötzlich neben mir. Und der Stolz, dies sagen zu können, war weder zu übersehen noch zu überhören. Ich wußte nicht, wie ich ein Gespräch mit ihr beginnen sollte. Eine Schillerausgabe in chinesisch und mehrere Bücher von Kant, Hermann – nicht Immanuel – zeigte sie mir. „Wie geht es Ihnen?“, fragte sie, und es klang besorgt. „Mir? Gut, gut!“ „Sie haben eine schöne Stimme. Nur Sie nicht so laut singen, wenn Sie trinken. Sonst Stimme kaputt.“ Ich lief rot an – teils vor Stolz, teils vor Verlegenheit. „Schon richtig“, antwortete ich, und es klang geistlos. „Aber die anderen ...“ „Ja, Horst! Die anderen auch. Aber ich sprechen zu Sie.“ Sie legte leicht die Hand auf meine Schulter. Weiter kamen wir nicht. Bolorma trat zu uns, und die Unterhaltung war beendet. „Geht es Ihnen gut?“ „Viel besser, aber noch nicht so gut wie morgen“, war ihre diplomatische Antwort. Ich hoffte, sie hattte recht. Die Zeit verging. Ich deutete mehrfach an, daß der Weg noch weit sei. Doch niemand reagierte. Petry und unser Freund waren immer noch beim Austausch von Gedanken. Ein überaus wichtiger Akt hier und auf der ganzen Reise. „Es ist nicht mehr sehr weit“, sagte dann aber der Buchhändler. Als wir auf der Straße standen, war es 9.00 Uhr. Gerade zwei Stunden waren vergangen. Der Tag wunderschön. Alle mongolisch-chinesischen Kollegen begleiteten uns zum Auto. Ein Zettel informierte inzwischen die Jininger und ihre Gäste von der Wichtig- und Einmaligkeit unserer Anwesenheit und bedingt dadurch die Abwesenheit des Personals. Die buchhändlerische Hilfsbereitschaft untereinander – bis zur Wende hätten wir Freundschaft gesagt – schien doch recht ausgeprägt zu sein. Wir sollten davon noch Proben bekommen.

Auf einmal kam Mandai mit dem Dolmetscher zu mir. Sie sagte, daß er – der Dolmetscher – hier in der Nähe zu Hause sei. Seine Eltern würden es als große Ehre betrachten, uns begrüßen zu können. Es wäre wirklich nicht weit. Ich sollte es Petry vorschlagen. Er hätte uns gern überrascht, doch die beiden Fahrer wären böse auf ihn wegen gestern. Sie fahren nur, wie „Boß“ sagt. Ich versuchte, Mandai klarzumachen, daß ich heute sicher nicht der beste Sekundant sei, auch wegen gestern. Sie lächelte bedauernd. Keine Chance für mich. Zu meiner Überraschung bedurfte es nicht einmal Lehmanns Unterstützung. Der hatte für Abwechslungen dieser Art eine Vorliebe entwickelt und zumindest hier den Zeitbegriff abgelegt. Ute Haft unterstützte den Gedanken und Petry – nach einem Blick in die Runde – „also fahren wir.“ Vielleicht dachte er daran, was alles auf uns zugekommen wäre, wenn wir den Dolmetscher und dessen Ortskenntnis gestern nicht gehabt hätten. Wir würden jetzt noch in der Steppe herumkurven. Nur die Fahrer maulten. Ellmers wandelte sie im Handumdrehen. Je einen Fünfzig-Dollar-Schein würden sie erhalten, wenn sie das Dorf des Dolmetschers rechtzeitig ansteuern und uns anschließend pünktlich zur Grenze bringen würden. Das veränderte ihre Laune. Das in Aussicht gestellte Dollargeschenk war das eine. Wichtiger schien aber für sie zu sein, daß nur sie, nicht aber der studierte Nichtstuer (gemeint war der Dolmetscher, wie Mandai uns später übersetzte) zusätzliche Dollars in Aussicht gestellt bekommen hatten. Jetzt war Ellmers für sie der Boß.

Zunächst kostete uns das noch eine Viertelstunde Telefonierzeit. Dann ging es los. Kaiser, Ellmers und ich schliefen. Beim Erwachen hielten wir in einem mittleren Dorf. Die Eltern des Dolmetschers betrieben eine private Gastwirtschaft. Wir wurden mit der denkbar höchsten Liebenswürdigkeit empfangen und in dem für uns hergerichteten Gastraum geleitet. Der Tisch bog sich unter den Köstlichkeiten. Es gab Bambussprossensuppe, Ente, Huhn, Fisch, Schlange, gebackene Heuschrecken, verfaulte Eier, Fleisch vom Kalb und anderes mehr. Nachdem das „Familienoberhaupt" sich höflich und wortreich für das „dürftige Menü" – geschuldet der Kürze seines Wissens von unserer Ankunft – entschuldigt und wir das gleiche für das plötzliche Hereinbrechen aus einer anderen Welt – noch dazu in Form eines Heuschreckenschwarms – getan hatten, begann das Essen. Es dauerte seine Zeit, obgleich Petry den Gastgeber um Verständnis dafür gebeten hatte, daß wir nur ein Gläschen zur Begrüßung trinken würden. Es wurde akzeptiert, wenn auch mit Bedauern. Schließlich übernahm Ute Haft das Kommando. Sie dankte den Gastgebern, übernahm den Austausch der Geschenke und drängte zum Aufbruch.

Bis zur Grenze war es nicht sehr weit und die Pisten recht gut befahrbar. Spät nachmittags erreichten wir die Grenzstadt Erenhot. Vor dem Hotel – dem verabredeten Treffpunkt – stand ein lächelnder Mittfünfziger. Bolormas Gesicht wurde lang und länger. Es war nicht ihr Vater Gongor, sondern wieder der örtliche Buchhändler. Mit vielen Entschuldigungen teilte er uns mit, daß Gongor in Ulan Bator nicht wissen konnte, daß die Grenzstation sonntags nicht arbeite. Heute sei Sonntag. Er – der Buchhandelschef – habe aber vorgesorgt, Zimmer seien bestellt, und abends würde er uns zu einem kleinen Prasdnik einladen. Unsere Begleiter wollten gern sofort zurück. Wir dankten ihnen, überreichten Geschenke und Dollars – und sie fuhren ab. Wir saßen jetzt – ohne Rückfahrkarte – am Rande der Welt. „Auf den Typ Gongor bin ich wirklich gespannt", meinte Kaiser nachdenklich, als wir ins Hotel gingen.

Unser „Kollege" geleitete uns in die Zimmer, übernahm die Anmeldung und empfahl uns eine Stadtbesichtigung bis zum Abendessen. Wir hatten ein tief schlafendes Grenznest erwartet. Das aber war diese Stadt nicht. Die Straßen wimmelten von Fahrradrikschas, deren Besitzer den Gästen recht nachdrücklich ihre Dienste anboten. Wir entschlossen uns, den Markt zu besuchen. Der allein schon überwältigte. Gewürze aus aller Herren Länder, Gemüse, Fische, lebende Tiere (Hühner, Gänse, Enten, Hunde etc.) und vieles mehr für die chinesische Küche. Bekleidung aller Art, hand- oder maschinengenäht – zu erstaunlich niedrigen Preisen. Plötzlich stürzte Steffen Kaiser in heller Aufregung auf uns zu. „Habt Ihr gesehen, daß die Fahrer abgehauen sind?" „Ja, habe ich. Die waren doch nur bis hierher gemietet", antwortete ich. Aber so sicher war ich mir nicht, daß das richtig war. „Was geschieht, wenn Gongor heute nicht kommt? Wir können nicht einmal zurück", rief er immer aufgeregter. „Dann, lieber Steffen, wirst Du das wirkliche Gewicht Deines Gepäcks kennenlernen", sagte Petry grinsend. „Wir nehmen unseren Rucksack und gehen rüber in die Mongolei. Bei Deinem Zubehör wirst Du sicher ein paar Rikschas mieten müssen." Es ging noch ein Weilchen hin und her. Ute Haft meinte, daß nun hoffentlich das Abenteuer beginne, auf das sie die ganze Zeit gewartet habe. Petry versuchte sich in Erklärungen, daß Gongor zuverlässig sei und morgen bestimmt da sein werde. Kaiser war nicht leicht zu versöhnen. Das könne niemand wissen. Die Schlampigkeit hier sei einmalig. Das fand ich nun wieder überzogen und sagte es. Plötzlich stieg Ellmers mit Mandai aus einer Rikscha. Sie hatten eine Stadtrundfahrt gemacht und auch Einkäufe – wie mir schien. Er erriet offenbar, daß Streit in der Luft lag. „Gefällt es Euch hier nicht? Ich finde alles o. k." „Aber, wenn Gongor nun nicht kommt", erregte sich Kaiser wieder. „Dann gehen wir über die Grenze, kaufen uns Pferde – na – und außerdem haben wir ja die beiden Geiseln." Ich war entrüstet. Mandai lachte. Sie schien nichts dagegen zu haben, von diesem Guru als Geisel gehalten zu werden. Der Streit war zunächst beigelegt. Doch das Abendessen verlief gezwungen, und Reisschnaps gab es auch nicht. Dafür Archi. Das ist ein mongolischer Wodka. Mal bestens, mal weniger gut. Die erste Begegnung mit ihm war nicht die beste. Wir entschuldigten uns bei unserem Buchhandelskollegen, daß wir so schlechte Gäste seien. Er beruhigte uns. „Gongor ist ein erfahrener Mann. Er findet Lösung. Morgen 10.00 Uhr macht Grenze auf.

Er wird 11.00 Uhr hier sein." Nach und nach beruhigten sich alle. Das Prasdnik wurde nicht ausgedehnt.

Nach dem Frühstück checkten wir aus und stellten unser Gepäck in den heißen Hotelhof, immer dem Schatten folgend. Um 11.00 Uhr war Gongor nicht da, um 13.00 Uhr immer noch nicht. Der Hoteldirektor kam, um uns mit vielen Entschuldigungen zu fragen, ob wir vielleicht doch noch eine Nacht buchen wollten. Er müsse sonst weitervermieten. Wir sagten, daß wir abgeholt würden, von einem Freund aus der Mongolei. Er schüttelte bedenklich den Kopf. „Heute?" „Ja, heute", sagte Lehmann. Der Hotelchef schüttelte weiter bedenklich den Kopf. Vorhin habe ihm ein Busfahrer etwas gebracht. Aus der Mongolei. Die Schlange an Grenze sei sehr lang. Viele Kilometer, habe er gesagt. Ob wir nicht doch einchecken wollten? Und vorzügliches Essen werde er bereiten lassen. Das Einchecken lehnten wir ab. Das wirklich vorzügliche Essen nahmen Kaiser, Petry und ich an. Ersterer war wie ausgewechselt. Er entschuldigte sich wegen der Kritik des Vortages und meinte leutselig, daß er noch nie auf einem Hof geschlafen habe. Darin waren wir uns einig. Dann kam Bolorma. Sie war sehr unglücklich. „Vielleicht sollten Sie zur Grenze fahren und versuchen hinüberzukommen?" fragte Petry. „Vielleicht", antwortete sie geradezu rührend. „Aber mein Vater hat gesagt, Sie alle sind seine Gäste und ich darf Sie nicht allein lassen – keine Minute. Ich darf nichts anderes machen, als Vater sagt." Petry nickte. „Wir warten." Was für ein glücklicher mongolischer Vater, dachte ich. Ich stellte mir die gleichaltrigen Töchter, von Söhnen ganz zu schweigen, aus meinem Bekanntenkreis vor. Da war auch nicht eine darunter, die es unter Freunden über die Lippen gebracht hätte zu sagen: „Ich darf nichts anderes machen, als mein Vater sagt." Jetzt freute ich mich auf die Mongolei.
Steffen schlug vor, uns aus diesem Anlaß ein Gläschen Whisky zu genehmigen – aus seinen Privatbeständen. Lehmann und ich nahmen dankend an, Petry lehnte ab. „Wißt Ihr, was noch vor uns liegt?" „Whisky jedenfalls nicht", sagte Lehmann, der das Getränk wohlwollend beroch. Inzwischen war es 17.00 Uhr geworden. Die Mienen der Nicht-Whisky-Konsumenten wurden

bedenklicher, die der den Durst Stillenden blieben gelassen. Da erschien der Hotelchef mit einem korpulenten Chinesen, und es entspann sich das folgende interessante Gespräch.
„Dieser Herr, den ich nicht zu kennen die Ehre habe", meinte der Hotelchef, „macht sich Sorgen um Sie. Er sieht Sie schon den ganzen Tag über hier sitzen. Das sei kein gutes Bild für die chinesische Gastfreundschaft. Zufällig kennt der Herr einige Herren Zöllner. Wenn Sie heute noch hinüber möchten, zum mongolischen Brudervolk, er könnte ein gutes Wort für Sie einlegen. Er selbst macht das nur aus Freundschaft. Aber er müßte drei Jeeps anmieten, vorausgesetzt, Sie hätten Vertrauen zu ihm. Und die kosten 125 Dollar pro Stück. Er kommt in 15 Minuten." Wir sollten beraten. Damit verließ er uns.
Wir berieten. Petry, Haft und Lehmann waren dafür, Ellmers, Kaiser und ich dagegen. Bolorma und Mandai meinten, daß sie bei Herrn Petry bleiben werden, wie Vater gesagt habe. Es gab offensichtlich doch Rangstufen unter uns Gästen. Ellmers faßte unsere Bedenken zusammen. „Die fahren uns in eine Schlucht und rauben uns aus." Petry: „Wir sind nicht in Frankfurt oder Hamburg. Wer soll uns ausrauben bei so vielen Zeugen?" Das überzeugte nicht – aber niemand konnte sagen, ob der Hof – was das Ausrauben anging – nicht gefährlicher war. Vor die Gitter des Zaunes jedenfalls kamen immer wieder ein paar wenig Vertrauen erweckende Typen, um verdächtig zu tuscheln. Unser buchhändlerischer Freund riet ebenfalls zur Annahme. Das Patt blieb. „Wenn ich schon ausgeraubt werden soll, dann lieber in einer Schlucht als auf einem Hotelhof. Stellt Euch vor, Ihr kommt nach Hause und müßt erzählen, Ihr seid auf einem Hotelhof ausgeplündert worden. Das hätten wir auch in Berlin haben können", Ute Haft stand auf und sah uns aufmunternd an. Ellmers schlug sich als erster brüllend auf die Schenkel. Dann lachten alle! „Genauso ist es, Utelein! Fahren wir in die Schlucht." Die Mongolen waren irritiert, doch der Bann gebrochen, die Einigkeit wieder hergestellt. Nach genau 15 Minuten kam der korpulente chinesische Herr. Er las uns die Entscheidung von den Augen ab. Ein Wink, drei Jeeps fuhren in den Hof. In Windeseile beluden drei abenteuerlich wirkende Gestalten die Fahrzeuge mit

unserem Gepäck. Ute Hafts Fotoapparat und Filme, Petrys Schweizer Offiziersmesser und eine Flasche besten Wilthener Weinbrandts – aus meinen Privatbeständen – gingen in den Besitz unseres chinesisch-mongolischen Buchhandelskollegen über.

Noch ehe wir uns in dem hautengen Jeep richtig zurechtgerüttelt hatten, schrie Bolorma auf: „Mein Neffe, mein Neffe." Die Autos hielten. Es waren keine 15 Minuten vergangen. Wir befanden uns jenseits der Grenze. Ein Zöllner hatte eine Hand aufgehalten, mit der anderen gewinkt. Vor uns stand ein etwa 10jähriger Junge, und weiter hinten kam ein älterer Mongole in Eilschritten heran. Der dicke Chinese kassierte 400 Dollar. „Hochgerechnet", meinte er. Dann drehte er sich noch einmal um, zeigte auf Petry. „Du früher DDR-Deutscher?" Petry nickte. Der Chinese lächelte. Plötzlich kam er einige Schritte zurück. „Ich studiert in Leipzig. Liebe DDR-Deutschland. Menschen zuverlässig wie Chinesen", sprach's, winkte und fuhr los. Dann schloß uns Gongor in die Arme.

Steffen Kaiser, Horst Peterson und Gongor Dagorsorengin

## Die Reise ans Ende der Welt

Ich glaube, es war am ersten Abend in Peking. Ich saß im Hotelfoyer und notierte mir die Tagesereignisse, so wie ich es mir vorgenommen hatte, in mein Tagebuch. Da erschien Lehmann, setzte sich neben mich und fragte, was ich da so die ganze Zeit für Unfug zusammenkritzele. „Eindrücke", antwortete ich einsilbig.

„Und was hast Du für Eindrücke?"

„Ich notiere alles, was ich hier so sehe und vor allem höre und schicke jeden Abend eine Seite an eine Person meines Vertrauens. Nur für den Fall, daß Ihr mich vielleicht in der Gobi oder sonstwo auszusetzen beabsichtigt."

„Also scheinst Du mittlere Kopfeindrücke zu haben." Das ganze verdeutlichte er durch eine unmißverständliche rhythmische Handbewegung.

„Dir, Ellmers und dem da oben (gemeint war Petry) traue ich nicht über den Weg", sagte ich.

„Bedenke ich es recht, ist das eigentlich eine tolle Idee, die Du da fabriziert hast."

„Was?"

„Das mit dem Aussetzen in der Gobi."

„Mach Dir keine Hoffnung. Ich würde alles bis zum letzten Atemzug mitnotieren, und sei es auf der eigenen Haut."

„Das meine ich ja gerade. Bis zur letzten Sekunde, wie Ovid!"

„Wer ist denn das?" fragte ich unsicher.

„Ein Autor, der es vor – na, ja – vor einiger Zeit so gemacht hat. Nur nicht auf der Haut. Allzu oft kommt so etwas verständlicherweise nicht vor. In neuester Zeit kaum noch. Du wärst wieder einmal ein Wegbereiter. Als Verleger würde mich das faszinieren. Sicherst Du mir die Exklusivrechte, garantiere ich Dir einen Bestseller. Was hältst Du von einem kleinen Vertrag?"

„Bist Du gegen einen Schrubber geflitzt, oder warst Du schon in der Bar?"

Lehmann zückte einen sicher sehr teuren Füller und bat mich um die untere Hälfte meines noch nicht „bekritzelten" Notizbogens. „Das ist die Chance", meinte er, „für Dich als Autor und für mich als Verleger auch."

„Du bist ja total meschugge, Mensch, was nützt mir ein Bestseller, wenn ich tot bin?"
„Dir nicht viel, zugegeben – aber bedenke, daß Du in die Literaturgeschichte eingehen könntest – wie Ovid."
„Im Gegensatz zu Euch Buchknechten habe ich einen anständigen Beruf gelernt. Ich brauche nicht in der Weltliteratur zu rudern."
„Denke doch auch ein bißchen an Frau, Kind und mich, Deinen künftigen Verleger. Ohne Aussetzen und langsames Verdursten in den Weiten der mongolischen Steppe oder ähnliches wirst Du heute kein Autor! Zumindest kein Bestsellerautor."
„Du bist nicht zufällig aus der Klapsmühle entwichen?" Langsam wurde ich unsicher, ob er es nicht vielleicht doch ernst meinte.
„Keineswegs! Ich kenne nur das Buchgeschäft in der Marktwirtschaft, Du aber nicht, sonst hättest Du Dich nicht so zickig wegen ein bißchen Steppentod infolge Wassermangels."
Am liebsten hätte ich ihm eins in seine genüßlich grinsende Visage versetzt, doch da kam Ellmers.
Lehmann – zu Ellmers gewandt: „Horst hatte eine tolle Idee. Bringt sie aber wieder nicht zu Ende. Er wollte ausgesetzt werden und alles, was er bis zum Tode erlebt, fühlt, denkt – nein, denken hat er nicht gesagt – aufschreiben. Was hältst Du davon?"
Ellmers – überlegend: „Eine gute Idee, Horst. Das hätte ich Dir gar nicht zugetraut."
„Ich denke, Euch hat die Hitze geschadet, ... Ihr ..."
Doch Ellmers unterbrach mich. „Nur wäre die Idee noch zu verbessern."
Lehmann: „Wie?"
Ellmers: „Wir setzen Euch beide aus – Autor und Verleger – und ich verwerte Eure Aufzeichnungen allein. So, Ihr Fieslinge, jetzt gehen wir einen heben."
Zwei Stunden später waren wir uns einig, lieber Petry und Kaiser auszusetzen. Doch der eine inzwischen hinzugekommene Schuft behauptete, nicht schreiben zu können, und der andere kam erst morgen. Zum Aussetzen gerade rechtzeitig. Aber ich glaube, wir würden es doch nicht tun. Deshalb bin ich

nicht in die Weltliteratur eingegangen, und Lehmann wurde kein großer Verleger.

Nachdem wir Gastgeber Gongor, Ehefrau Darima, Enkel Mischeel und den mongolischen Fahrern Zolmon und Rastoha vorgestellt worden waren, erzählte uns Gongor die Ursachen für die Grenzschwierigkeiten. Zuerst seien angeblich neue Bestimmungen herausgekommen. Die Einfuhr japanischer, nicht fabrikneuer Fahrzeuge nach China – via Mongolei – solle nicht mehr gestattet sein, und der Zoll arbeite seit einigen Tagen nach Vorschrift – wenn man der Bedeutung des Wortes kein allzu großes Gewicht beimesse. Das war eigentlich schon alles. Gongor hatte einen russischen Lada-Niva und – für mongolisches Fahrzeugverständnis – einen fast neuen Nissan-Bus, der Stein des Anstoßes. Er konnte nicht zum Treffpunkt kommen und seine Tochter, das wiederholte er noch einmal sehr energisch, durfte uns nicht verlassen. Was ihm blieb war, die Organisation unseres Grenzübertrittes vom mongolischen Grenzposten aus vorzunehmen. Genau das hatte er getan. Es wäre unmöglich geworden, wenn seine Tochter sich nicht an seine Weisung gehalten hätte. So also war es wirklich gelaufen. Was für ein Vertrauen zwischen Vater und Tochter.

Jetzt überschlugen sich die Ereignisse. Bolorma und Mandai wurden mit dem Jeep zur Transsibirischen Eisenbahn gebracht. Der Abschied von der schönen Mandai fiel mir schwer. Sie behandelte mich wie alle anderen. Kein stärkerer Händedruck, kein Blick, kein Extralächeln. Beide würden die Reise mit der Bahn fortsetzen. Zweieinhalb Tage. In zirka zehn bis zwölf Tagen würden wir sie in Ulan Bator wiedertreffen. Begleiten würden uns Gongors Frau, sein Enkel, Gongor selbst und die beiden Fahrer. Nachdem das Gepäck mit viel Mühe in die Wagen verstaut worden war, zwängten wir uns dazu und fuhren einige Kilometer in die mongolische Steppe. Von einem Hügel würden wir die Transsibirische Eisenbahn mit den beiden Schönen in zirka 500 Meter Entfernung an uns vorbeifahren sehen. Inzwischen öffneten Gongor und Frau Darima Kisten, legten Teppiche aus. Die Begrüßungsmahlzeit, ohne die nichts geht in der Mongolei, wurde in freier Steppe vorbereitet.

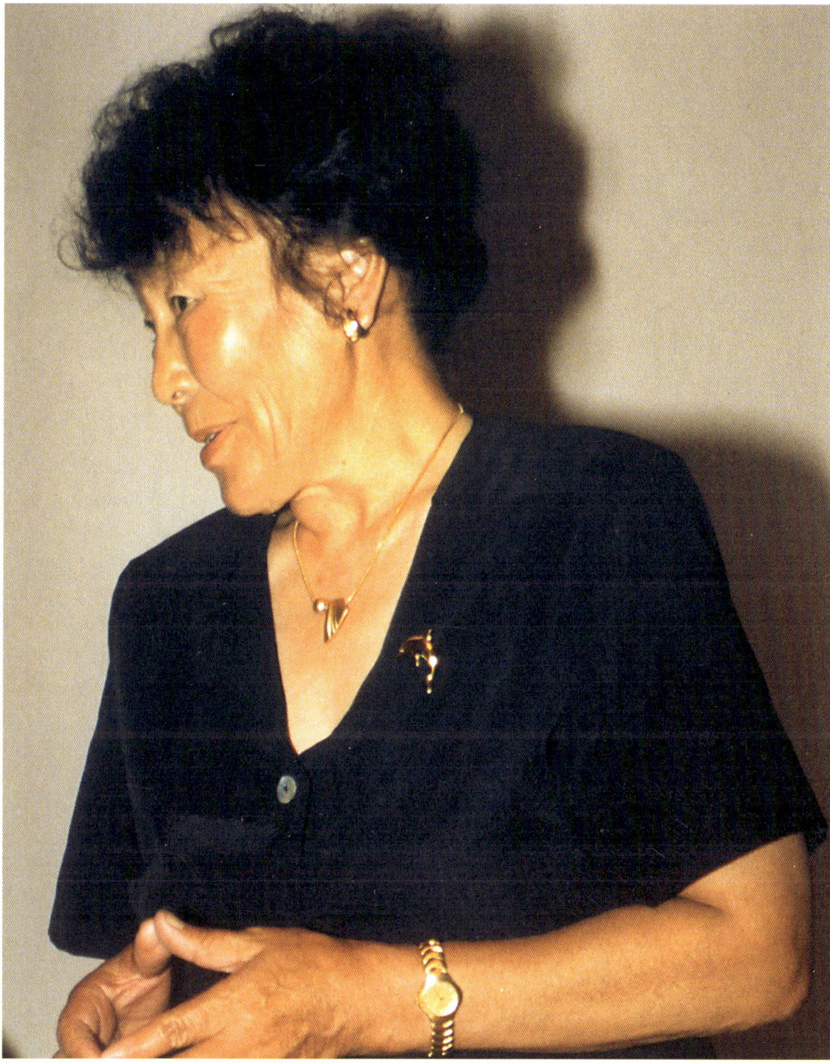

Frau Darima, Ehefrau Gongors, Romanistin an der Universität Ulan Bator

Die Mongolen haben sich Jahrhunderte alte, immer noch lebendige Riten und Traditionen bewahrt. Erhalten und pflegen konnten sie ihr Brauchtum, ihre Sitten, weil es in ihrer Geschichte nie Einwanderungen gab. Dafür sind die Lebensbedingungen nicht komfortabel genug. Das vor allem schützte die Mongolen.

Frau Darima überreichte jedem Gast eine Schale Kumis. Das Wort stammt aus dem Russischen. Mongolisch heißt es Airak. Es ist gegorene Stutenmilch. Das Nationalgetränk der Mongolen. Für uns – außer für Petry – die erste Bekanntschaft mit dem säuerlichen, leicht alkoholhaltigen Getränk.
Jetzt wird alles zum Ritual. Die Schale wird immer mit beiden Händen übergeben. Das ist eherner Brauch in der Mongolei und Hausfrauenpflicht. Der Gast nimmt die Schale in gleicher Weise entgegen und dankt. Dann spritzt die Hausfrau, hier die Atheistin, studierte Romanistin und promovierte Slawistin, – wie ihre Urahnen vor Hunderten von Jahren – einige Tropfen Kumis nach jeder Himmelsrichtung und bittet die alten mongolischen Götter um Beistand für die lange Reise. Erst danach heißt der Gastgeber seine Gäste noch einmal offiziell willkommen und fordert sie zum Trinken auf. Die Schale wird ausgetrunken. Auch dabei ist nichts Zufall. Die höchste Wertschätzung in der Familie kommt der Mutter zu. Mutter ist immer die älteste Frau der Familie – wenn sie Kinder geboren hat. Fast alle Volkslieder besingen die Mutter. Nie würde ein Sohn sich im Ton gegenüber der Mutter vergreifen. Die geachtete Stellung wird von ihr nie eingefordert. Sie ist da. Die Mutter bewirtet mit den anderen Frauen und Mädchen zuerst die Männer. Sie tut das, weil es immer so war. Nie bekämen sie oder eine andere Frau dadurch weniger zu essen. Hier wirkt ein Ritual großer Achtung voreinander, das in Europa nur schwer nachvollzogen werden kann. Auch, weil die Bereitschaft dazu fehlt.
Nach der kurzen Ansprache des Hausherrn und dem Dank Petrys für uns alle wurde das Fest freigegeben. Unglaublich, was Frau Darima aus ihrem Wagen zauberte. Heiße Suppen, gekochter Boos – ich werde noch berichten, was das ist – gebratene Hammelrippchen, Fladen, Tee – und vom Hausherrn nachgefüllt – Archi und Airak, Airak und Archi. Gelobt sei, wer das durchhält. Plötzlich Aufregung. Der Zug. Majestätisch glitt die Bahn unhörbar durch die Steppe. Es dunkelte – aber wir erkannten die beiden schönen Begleiterinnen an einem der Fenster. Gongors Enkel führte einen Tanz auf dem Dach des

Die Straße von Peking nach Ulan-Bator

Niva auf und wir winkten und riefen. Noch ein Glas Archi auf die Reise, dann schlug Gongor vor, noch ein wenig zu fahren. Alles wurde eingepackt. Nur die leeren Flaschen blieben liegen. „Wir werden nichts ändern, wenn wir aufräumen und alle anderen tun es nicht", sagte Gongor resigniert.

Dann war alles verstaut. Wir zwängten uns hinein, und es ging los. Immer nordwestwärts. Ohne ein einziges Verkehrsschild, ohne eine Ortschaft zu berühren. Wir folgten dem kleinen Lada-Niva stundenlang. Es war stockdunkle Nacht. Aber die Steppe lebte. Überall Lichter aus großen Tieraugen. Es roch nach Thymian, Heu und bitterem Wermut. Langsam begannen alle zu schlafen. Das fette Essen und der reichliche Alkohol, die ruhig laufenden Motoren – plötzlich eine Bodenwelle, ein Krach, Zugluft und dumpfe Aufschläge.

Das Gepäck lag in der Steppe. Der Druck auf die hintere Türe des Nissan war so stark, daß das Verbindungsschloß dem zusätzlichen durch die Bodenwelle nicht mehr standhalten konnte. Koffer, Rucksäcke, Beutel – alles lag irgendwo über mehr als einen Kilometer verstreut in der Steppe. Pechschwarze Nacht ringsum. Der Lada-Niva vor uns fuhr weiter und war bald hinter der nächsten Hügelgruppe verschwunden. Mir wurde es unheimlich. Alles nur wegen des Wahnsinnsübergepäcks von diesem Kaiser. Er war übrigens der einzige, der selig weiterschlief. Auch der disziplinierende Ruf von Ellmers, „Denkt daran, was abgesprochen war: Jeder holt nur seins", änderte nichts am Schlaf unseres Freundes. Der zwischen Schlaf und Wachsein dahindämmernde Fahrer hatte zunächst nichts bemerkt. Dann glaubte er wohl, einer wäre aus dem Wagen gestürzt. Petry hatte Mühe, ihn zu beruhigen. Er wendete und zackte links/rechts von der Piste. Es dauerte eine halbe Stunde, bis das letzte Stück – natürlich ein Koffer von Kaiser – gefunden wurde. Alles war wieder verstaut – besser als beim ersten Mal. Da erst bemerkte der Fahrer, daß der Lada-Niva nicht mehr da war. Er wurde nervös. Petry bedeutete ihm, zu halten und das Licht brennen zu lassen. Später erfuhren wir, daß der Fahrer aus Ulan Bator stammt und dort Taxi fährt. Er kannte sich hier genauso aus wie wir. Kein Kamelreiter der Wüste. Plötzlich tauchten vor uns Scheinwerfer auf. Der Lada kam zurück. Gongor begriff sofort, daß er einen Fehler gemacht hatte. Alle Mongolen mit Deutschkenntnissen in einem Auto. Ellmers wird mit ihm den Platz tauschen. Kaiser erwachte. „Sind wir da?" „Ja", sagte Lehmann, „nur die Hotelbetten sind noch nicht bezogen. Los, hinter." Kaiser brummelte etwas. Kletterte nach hinten, schimpfte und schlief ein. Dann fuhren wir wieder. Außer Kaiser schlief jetzt niemand. „Warum ist er (gemeint ist Kaiser) so fertig?" hörte ich Gongor den hinter ihm sitzenden Lehmann fragen. „Ach Gott, der dient im Russischen Reich. West-Manager gewöhnen sich schwerer an die russischen Trinkgewohnheiten. Im Osten hat das auch zwei Generationen gedauert. Jetzt beherrschen wir es aber. Russen lieben den Schnaps, das Feiern und das offene Wort. Bei unserem Freund deutet alles auf eine all zu große Abstinenz in Königsberg hin. Aus Furcht, sich etwas zu vergeben, vergibt er viel." „Ein so starker Mann, und dann hauen ihn ein paar Gläschen um", meinte

Gongor. Beide schütteten sich aus vor Lachen. Gongor wischte sich die Tränen ab. „Nichts geht ohne Training, mein Freund, und da waren wir nicht faul im Sozialismus.“ „Du hast nicht Unrecht, Gongor“, sinnierte Lehmann weiter. „Auf Dauer wird es schwer mit Geschäften in Kaliningrad, ohne russische Trinksitten zu pflegen. Russen lieben keine Abstinenzler.“ „Er ist ja noch jung“, sagte Gongor. „Wir werden ihn ein wenig trainieren.“
Nach und nach wurden die Gespräche leiser, bis sie ganz aufhörten. Nur der Fahrer starrte auf die Rücklichter des Niva und ich auf die Tiere rings in der Steppe. Viele waren unterwegs, lautlos auf Beutejagd, nur gestört von uns, den lärmenden Fremdkörpern. Eine schöne Nacht, nur empfindlich kühl wurde es. Warum es hier nur so furchtbar dunkel war? Plötzlich wieder ein Schlag, gefolgt von den schon bekannten dumpfen Fallgeräuschen.
Unser Gepäck lag zum zweiten Mal in der Steppe. Diesmal bekam Gongor den Fahrer sofort zum Halten. Auch der Niva reagierte auf die Lichtsignale. Wieder waren die überlasteten Schlösser aufgesprungen, das Gepäck lag verstreut auf der Erde. Diesmal aber nicht weiter als 50 Meter. Wir sammelten und verstauten. Kaiser mußte mitmachen. Er hatte keinen Schonplatz mehr. Der Fahrer des Niva – Zolmon – war so etwas wie ein Faktotum der Familie Gongor. Er hatte eine brauchbare Idee. Das Abschleppseil wurde an die rechte vordere Stoßstange gebunden, hinten um den Wagen gezogen und an der linken hinteren festgezurrt. Jetzt verhinderte das Seil zumindest, daß die Türen aufsprangen. Nur ließen sich die rechten nicht mehr öffnen. Das Seil – vom feinen Staub der Halbwüste durchsetzt – schmirgelte den Lack ab, noch bevor wir die Reise beendeten. Aber bei der geringen Luftfeuchte in der Mongolei rosten Autos auch ohne Lack nicht. Trotzdem machte Lehmann Steffen Kaiser aufmerksam, daß eine neue Lackierung fällig sei. Der war in Geberlaune und beauftragte Gongors Faktotum, sofort alles in die Wege zu leiten, sobald wir in Ulan Bator wären. Der nickte. Dort allerdings war alles vergessen. Jetzt ging's weiter. Nach etwa einer Stunde pfiff der linke hintere Reifen des Nissan weg. Radwechsel.
Gongor beschloß, die erste Tagesreise zu beenden. Wir fuhren noch 50 Meter von der Piste ab in die Steppe. Beide Wagen wurden so aufgestellt, daß frem-

de Fahrzeuge, gleich von welcher Seite sie kommen sollten, die Rücklichter sehen können. Aber es kamen keine. Gongor hatte Zelte mit. Doch niemand wollte sie aufbauen. Wir krochen in unsere Schlafsäcke. Das letzte, was ich bewußt aufnahm, war, daß der Fahrer nicht etwa das Rad wechselte, sondern den schon mehrfach geflickten, bunt aussehenden Schlauch klebte und den Reifen wieder aufzog. Das würde sicher noch mehrmals notwendig werden. Sekunden später quälte mich ein furchtbarer Alptraum. Deutlich wie im Film hörte ich Lehmann zu Gongor sagen: „Weckt den hier nicht auf. Der Wagen ist überladen. Den lassen wir liegen." Gongor lachte und befahl seinem Faktotum: „Schmeiß sein Gepäck runter!" Als ich entsetzt hochfuhr, empfing mich brüllendes Gelächter. Kein Traum also. Ich war klitschnaß. Na wartet, Freunde. Zwei Stunden hatten wir geschlafen. Frau Darima nicht. Sie reichte uns Tee und kaltes Hammelfleisch. Gongor hatte Gläser mit Archi gefüllt. So früh, pfui Teufel. Die Zeremonie von gestern, zur Ehre der mongolischen Götter, wurde diesmal vom Hausherrn zelebriert. Der Archi war warm und schmeckte widerlich. Ute Haft wollte nicht trinken. Gongor mahnte. Hier ginge es nicht ums Schmecken. Alkohol muß sein. Der Körper protestiert sonst gegen das ungewohnte Essen. Das ist dann auch nicht schön. Also noch einen Archi, dann ging es weiter. Morgens war es sehr kühl. Das Thermometer im Nissan zeigte 4° an. Tagsüber waren es 35°. Es wurde schnell hell von Osten. Bei klarer dünner Luft bestand beste Fernsicht. Die Mongolei ist eine riesige Hochebene. Hier befanden wir uns auf einem Hochplateau von etwa 1400 bis 1600 Metern. Eine die Wärme speichernde Wolkendecke gibt es nicht, wie in allen Wüsten und Halbwüsten. Die Temperaturschwankungen waren empfindlich. Im September kann es tagsüber noch um 30 ° warm sein und nachts in den Minusbereich abgleiten. Jetzt war es nicht ganz so, doch empfahl es sich, Kleidung für jedes Wetter bereit zu haben. Ich war gut ausgerüstet. Mein Freund hatte mit Ratschlägen nicht gespart.
Ein herber Duft wehte durch die Steppe. Noch nie habe ich eine solche Ruhe empfunden. Kein Zivilisationsgeräusch. Die Stille soll in den Ohren schmerzen, habe ich einmal gelesen und es für ein Bild gehalten. Nein, es ist so. Stille – scheint es – tut weh.

Es ging weiter, immer noch nach Nordwesten. Ab und zu sahen wir in großer Entfernung kleine Gruppen Kropf-Antilopen. Häufiger die sich neugierig vor ihrem Bau postierenden Murmeltiere. Sie leckten den Morgentau. Mehr Flüssigkeit brauchen sie nicht. Unmengen von Zieselmäusen querten die Piste, und deren Feind Nummer eins, der Weißkopfadler, lauerte schon auf hohen Steinen. In größerer Entfernung sahen wir Füchse, ebenfalls auf der Morgenjagd nach Mäusen und Murmeltieren. Ab und an begegneten wir halbwilden Yakherden, die uns aber nicht zur Kenntnis nahmen.

Rast am Brunnen. Im Hintergrund zwei Jurten. Die Bewohner holen ihr Wasser mehrmals täglich aus diesem Brunnen.

Der Lada gab Zeichen, daß er halten wollte. Gongor meinte, daß seine Frau Tee ausschenken würde. Zunächst baute der Fahrer für die Damen eine Steppentoilette auf. Das war eine Sichtschutzwand aus Stoff und Metallstäben. Etwa 1,60 Meter hoch. Sie wurde dankend angenommen. Dann gab es Tee. Ziegeltee. Die mongolische Art, ihn zuzubereiten, unterscheidet sich von der mir bisher bekannten, Tee zu kochen. Der zu Ziegeln gepreßte, steinharte Tee (daher der Name) wird in Stücke gebrochen, im Mörser zerstampft und mit kochender Schafsmilch gebrüht. Ein wenig Hammelfett gibt ihm einen für unsere Nasen eher penetranten Geruch. Am Anfang zwangen mich nur die mahnenden Blicke meines Freundes, der erbarmungslos die Pflichten des Gastes gegenüber dem Gastgeber einforderte, das Getränk zu schlucken. Lieber hätte ich es in die Steppe gekippt. Später, als die Wasservorräte aufgebraucht waren und auch Lehmanns und Kaisers Bierbestände aus China den Weg durch unsere ausgedörrten Kehlen genommen hatten, lernte nicht nur ich den Ziegeltee schätzen. Er schmeckt zwar wie Milchsuppe aus Kindertagen, löscht dafür aber den Durst.
Nach zwanzig Minuten Pause ging es weiter. Die Vegetation wurde spärlicher. Yakherden waren schon lange nicht mehr zu sehen. Die Besitzer der in großen Entfernungen und Abständen gesichteten Jurten waren überwiegend Schaf- und Kamelzüchter. Für mich wird es ein Phänomen bleiben, wie die Mongolen ihre Viehherden über die manchmal lang anhaltenden Trockenperioden bringen.

In den siebziger und achtziger Jahren bauten ungarische Fachleute ein System von Tiefbrunnen in der Gobi. Das Wasser reichte nicht zur Bewässerung der Weiden, wohl aber zum Erhalten des Viehs. Solange die Bestände nicht unvernünftig anwuchsen. Die Brunnen waren Eigentum der Genossenschaft. Der Wartungsaufwand beträchtlich. Dafür gab es die „Brunnenspezialisten“ – Dienstleister für alle Araten. Die großen Herden verunreinigten und zertrampelten zwar die Brunnenanlagen immer wieder, aber die Wanderwege wurden kürzer. Mußten die Araten ohne Brunnen bis zu acht Mal im Jahr umziehen, genügten mit diesen zwei bis drei Umzüge. Das war schon etwas. Nach

1989 setzte sich die Reprivatisierung der Landwirtschaft zunächst zögernd durch. Furcht vor der Eigenverantwortung war sicher eine Seite. Die erst durch die Genossenschaft möglich gewordenen bescheidenen Annehmlichkeiten wieder zu verlieren, gewiß die andere. Doch dann ging man relativ gerecht vor und teilte das Vieh auf die Familien der Genossenschaft entsprechend der Kopfzahl auf. Die Genossenschaften hatten den Araten Erleichterungen gebracht, die Einzelnomaden sonst nicht kannten. Dazu zählen unter anderem die Brunnen, Arztstationen (Human- wie Veterinärmedizin), kleine Läden für den bescheidenen Bedarf der Viehhüter, kulturelle Einrichtungen wie Klubhäuser, Bibliotheken oder Kinos in den Somonen. Alles nicht an europäischen Maßstäben zu messen. Für ein Nomadenvolk aber eine anzuerkennende Leistung. Es war schon möglich, in den Somonzentren Bücher und Zeitschriften zu lesen, fernzusehen und Musik zu hören, zu baden und sich zu unterhalten. Unterschiedlich gut, zugegeben, aber möglich war das alles schon. In der Mongolei gibt es keinen Analphabetismus. Im Gegenteil. Der Anteil der Hochschulabsolventen an der Bevölkerung ist überproportional hoch. Träger all dieser nach und nach erweiterten Sozialleistungen war bis zu ihrer Auflösung mehr oder weniger die Genossenschaft. Den einzelnen kosteten sie nichts. Danach ging die Verantwortung auf den Staat über. War „der Staat" ein örtlich einflußreicher Mann mit mehr Autorität durch seine Persönlichkeit als ihm Wahl und Amt verschaffen konnten, blieb vieles erhalten oder wurde sogar besser. Jetzt natürlich durch „Steuern" der privat gewordenen Viehzüchter. Das heißt, wenn der jeweilige – nennen wir ihn „Gouverneur" – die Araten von der Notwendigkeit überzeugen konnte, die Sozialeinrichtungen durch eigene Beiträge zu erhalten. Gelang dies nicht, dann allerdings war „der Staat" weit. Mit Folgen für alle. Da fehlten den Ärzten die Medikamente, den Bibliotheken die Bücher, dem Klubhausleiter das Gehalt usw. Schlimmer aber war, daß die Brunnen nicht mehr regelmäßig gewartet wurden. Wir lernten beides kennen. Wir trafen unterwegs gut gewartete Brunnen, zertrampelte und solche, die schon aus großer Entfernung stanken und bei denen die Jauche in den und aus dem Brunnen lief. Die Folgen für die Gesundheit von Mensch und Tier sind zumindest längerfristig voraussehbar. Der

Sozialismus hat nicht nur in der Mongolei – in zunächst sicher guter Absicht – das Gefühl für den Wert der Dinge bei den Menschen zerstört. Es kostete ja nichts. Dort waren es die Brunnen, in der deutschen Fassung zum Beispiel die Wohnungen. Dort war das Erwachen schmerzlich, als die Brunnen sich nicht von allein reparierten und bei uns ebenso, als bemerkt wurde, daß Wohnungen Werte sind, die erhalten werden wollen und auch Kosten verursachen.

Noch einmal knallte der Reifen des Nissan. Diesmal vorn links. Behoben wurde der Schaden – wie bereits beschrieben – durch einen neuen Flicken. Bei einer schwungvoll durchfahrenen Bodenwelle drückte das zu schwer beladene Dach plötzlich durch. Die mongolischen Fahrer hatten bisher alle Reparaturen bewunderungswürdig, gelassen und ruhig erledigt. Auch das Dach wurde mit Hilfe eines Gewehrs und zwei Decken wieder gerichtet, aber die Dachlast mußte verringert werden. Ein Teil wurde dem bereits überladenen Niva zugeladen. Petry und Ellmers bedrängten unseren frisch ausgeschlafenen Freund Kaiser zu einer radikalen Gepäckreduzierung. Im Interesse der Reisesicherheit. Die Argumente von beiden Seiten sparen wir uns. Das kursierende Unwort „aussetzen" gab dann wohl doch den Ausschlag. Schweren Herzens, dem allgemeinen Druck nachgebend, begann Kaiser, sein Gepäck nach Notwendigem und nicht Notwendigem zu sortieren. Da fiel uns Gongor in den Rücken. Das wäre Unfug, meinte er. Mongolen können alles gebrauchen. Jetzt sei das Nissan-Dach ohnehin eingedrückt. Die Gepäckentsorgung könne auch an der nächsten Jurte stattfinden. „Wir kommen durch." Recht hatte er. Wir kamen. Nur wurde das Gewicht nie kleiner. Alles was verschenkt wurde, kam in Form von Gegengeschenken zurück. Das verkraftet kein Auto. Zuerst der Nissan nicht. Überhaupt, meine fast grenzenlose Hochachtung vor der japanischen Autobaukunst (ich fahre selber einen) kam während dieser Reise mächtig ins Wanken. Dagegen mußte ich meine nicht allzu hohe Meinung von der russischen Art, Autos zu bauen, korrigieren. Auch hier besaß ich Praxis. Ich war – lang ist's her – einmal stolzer Besitzer eines Saporoshez – auch „schnellster Traktor der Welt" genannt. Hier in der Wüste aber war alles anders. Auf der weiteren Reise blieb auch das Lada-Dach nicht ohne Beulen.

Auch dem knallte ein Reifen. Aber das Auto blieb nie stehen. Einmal nahm es sogar den Nissan in Schlepp. Alles, was ausgebessert werden mußte, schaffte unser Faktotum mit den wichtigsten Handwerkszeugen des mongolischen Berufskraftfahrers: Hammer, Schraubendreher, Messer und Draht.

Inzwischen wurde es dunkel. Gongor meinte, daß unsere Gastgeber seit zwei Tagen auf uns warten. Doch bald wären wir da. Gegen 21.00 Uhr war es dann soweit. Wir hielten in der Hauptstadt des Halsan-Somon. Das ist ein Landkreis, nur etwa so groß wie ein deutscher Regierungsbezirk.
Verspätungen sind in der Mongolei kein Verstoß gegen die Regeln der Gastfreundschaft. Ein europäisches Zeitgefühl hat man zwar nicht. Zwei Tage Verspätung dürften aber auch hier nicht zur Höflichkeit gehören. Doch unsere Gastgeber sahen das sehr gelassen. Da wir nicht kamen, wurde mit der Feier zunächst einmal ohne uns begonnen. Eine Art Probefeier. Alles würde sich klären. Kein Grund zur Aufregung.
Die Somonhauptstadt bestand aus vielleicht 12 bis 15 festen Gebäuden. Eine nicht genau zu bestimmende Zahl von Jurten wechselte häufiger. Je nachdem, wie lange deren Besitzer bleiben wollten. Meist zogen sie nach einiger Zeit wieder zu ihren Herden. In den Häusern befanden sich Einrichtungen der Infrastruktur, wie Sitz des Landrates, Arztstation, Kulturhaus, Kino, Bibliothek, Laden, Tierarzt, Technikstation usw.

Kontakte zu anderen Menschen haben für die mongolischen Nomaden einen hohen Stellenwert. In dem dünn besiedelten Land werden am Wege stehende Jurten von Durchreisenden besucht. Es wird etwas gegessen, getrunken und vor allem erzählt. Bei Krankheiten, Unfällen, Geburten oder ähnlichem – eine unverzichtbare Hilfe. Araten erwarten, daß Fremde sie aufsuchen. Deshalb spielt der Begriff „Zeit" hier eine andere Rolle als in Europa.
Wenn Gongor das auf der Herfahrt vermied, dann aus zwei Gründen. Erstens ist es sicher auch bei der weitgehenden mongolischen Gastfreundschaft schwer, elf Durchreisende ohne Vorbereitung zu bewirten. Ein Gast darf aber nicht aus der Jurte, ohne wenigstens eine Kleinigkeit gegessen oder etwas ge-

trunken zu haben. Ein solcher Besuch hätte den Hausherrn zu großen Aufwendungen (zum Beispiel Schlachtung einer Ziege oder eines Schafes) veranlaßt. Vor allem aber hätte es Zeit gekostet. Bei einer Verspätung von zwei Tagen wäre es dann bestimmt nicht geblieben.

## Nomadenleben

Jetzt aber waren wir im Somon. Der Vorsitzende (Landrat), Baatarsuch Moonongin, die Ärztin, der Agronom und der Veterinär empfingen uns im Kulturgebäude. Der Landrat war studierter Biologe. Er selbst sei auch Viehzüchter, sagte er beiläufig. Das habe ihm den Sieg in der ersten freien Wahl zum Somonchef gebracht, meinte er später. Mag sein, daß das der Grund war. Ich glaube allerdings, daß zumindest die Tatsachen, daß er früher Vorsitzender der Genossenschaft war, über Verwaltungserfahrung, Beziehungen und eine bemerkenswerte psychologische Begabung verfügte, auch das ihre getan hatten. Die Ärztin hatte mit ihrem Mann ihre Ausbildung in der früheren DDR, in Leipzig, gehabt. Der Agronom hatte Landwirtschaftswissenschaften in Ungarn studiert. Alles in allem kein schlechter Anteil von Akademikern in der Somonregierung.
Der „Gouverneur" berichtete über seinen Somon. Über Probleme mit der Privatisierung. Das neue Phänomen Armut. Ein Kraftwerk würde im nächsten Jahr für das jetzige unmoderne neu gebaut. Es käme aus China. Die Tankstelle – auch neu – sei ein japanisches Geschenk. Eine Ausbildungswerkstatt für Techniker, auch aus Japan. Nicht alle Araten hätten Glück mit der Privatisierung gehabt. Einige hätten ihre Tiere gleich nach Ulan Bator getrieben und vor dem Winter verkauft. Dann wären sie mit einem Auto gekommen. Meist mit einem LKW. Davon versprachen sie sich ein leichteres Leben. Jetzt wären sie Knechte. Bei anderen Araten. Befriedigend klang das nicht. Die Bezeichnung „Knechte" wurde so übersetzt und auf Nachfragen auch wiederholt. Dann berichtete der Landrat noch über die Tierbestände im Somon. Pferde, Yaks, Kamele, Schafe, Ziegen. Wieviele Radio- und Fernsehapparate es gäbe,

Der Herr Gouverneur Bootarsach Moonongrin in Nationaltracht, hier mit Ute Haft

und daß sogar eine zentrale Waschmaschine vorhanden wäre. Zwei neue Erwerbszweige hätten sie auch aufgebaut. Eine kleine Archi-Fabrik und eine Weinfabrik, aus der man später vielleicht sogar exportieren könne.
Kaiser stieß mich an und fragte leise, ob ich hier schon Blinde gesehen hätte. Er möchte es wissen, bevor der „Somoneigene“ geschluckt werden müsse, der jetzt mit Sicherheit serviert würde. Die Ärztin hatte Kaisers Bemerkung verstanden oder zumindest erraten. Sie erriet überhaupt viel, merkten wir später. Im guten Deutsch sagte sie, der Schnaps sei sauber. Keine Probleme für den Kopf. Der Wein allerdings sei anders als der europäische, aber genauso vorzüglich. Nur kalt müsse er getrunken werden. Das kam unerwartet. Kaiser

Typisch mongolische Jurte. Diese gehört dem Bruder des „Gouveneurs“ im Holsan-Somon.

entschuldigte sich umständlich. Die Ärztin genoß unsere Verlegenheit. Ute Haft brachte zur Ablenkung das Bonmot ein, daß Steffen Kaiser zu Hause als „Allestrinker“ bekannt sei. Vorausgesetzt, daß es sich nicht um Alkohol handele. Die attraktive Mongolin setzte sofort noch eins drauf. Als Ärztin vermöge sie nicht nur in den Augen ihres eigenen Mannes oder (mit einer leichten Verbeugung zu ihm hin) in denen des Herrn „Gouverneurs“ zu lesen. Gemeint war der Landrat. Später übernahmen wir die hier zum ersten Mal gebrauchte Anrede. Auch in denen der Herren mit Kuller- statt Mandelaugen wäre es möglich.

Zunächst kam aber Airak. Die übliche Zeremonie. Wir tranken jeder eine Schale. Gongor sagte uns später, daß der Airak gut sei. Nur fehle ihm noch die Reife. Wir sollten Archi trinken. Das sei besser für den Bauch. Morgen würden wir richtigen Airak trinken. Der Archi war wirklich gut und der Wein war Milchwein – besser Wein aus Molke. Jeder von uns trank ihn zum ersten Mal. Das heißt, Petry wahrscheinlich nicht, denn ich sah, daß er nur nippte. Das war sonst nicht seine Art, den Gastgeber zu ehren. Alle lobten den Wein. Das war pure Heuchelei. Der Herr „Gouverneur“ allerdings war oder tat hoch erfreut. Ein Fäßchen stände bereits im Auto, meinte er. Da er uns aber genauso gut schmecke wie ihm, würde er ein zweites mitnehmen. Zwischenzeitlich wurden verschiedene steinharte Gebäcksorten aus Milch probiert, die wohl endlos haltbar bleiben. Wein wurde immer nachgegossen. Der sah übrigens glasklar aus und war geruchlos. Es gelang mir leider nicht, das Rezept zu bekommen. Offenbar fürchteten die Mongolen um ihre Exportchancen. Später stellte sich heraus, daß er zirka 16 Umdrehungen hat und tatsächlich keine Kopfschmerzen erzeugt. Dafür aber andere, körperlich etwas tiefer und ein wenig früher einsetzende Probleme. Dagegen sind Kopfschmerzen ein hoher Grad des Wohlbefindens. Nur die Mongolen, Ute Haft, Lehmann und Petry blieben davon verschont. Der letzte, weil er mit hoher Wahrscheinlichkeit seine Wirkung kannte, und Kumpel und Kumpeline, weil er es ihnen verraten hatte. Uns gab niemand Ratschläge, oder wir beachteten sie nicht. Jedenfalls setzten nachts die ersten Folgen ein. Als die morgens leidlich überstanden waren, schwor ich mir, sollte ich noch einmal auf die Welt kommen, dann alles, nur keinen Freund wieder. Ich glaube, das ist von Hans Moser. Auch der wußte, daß man keine Feinde braucht, wenn man solche Freunde hat.

Schließlich hob der „Gouverneur“ die Tafel auf. Seine Freunde erwarteten uns schon etwas länger bei den Ehrenjurten, und nun wollten wir sie überraschen. Der „Gouverneur“, Frau Haft, Herr Petry, die Ärztin und ich wurden in das Gouverneursfahrzeug gebeten. Das setzte sich sofort an die Spitze. Die anderen folgten. Der Dienstwagen war ein Militärjeep russischer Bauart, von dem Gongors Lada-Niva eine ältere Zivilvariante darstellt. Der „Gouverneur“ ließ gar nicht erst den geringsten Zweifel aufkommen, wer der beste Fahrer im Somon sei. Bereits nach wenigen Minuten waren die Scheinwerfer der Nachfolgenden hinter den Hügeln verschwunden. Wie der Nissan das alles überstehen würde, wollte ich mir gar nicht erst vorstellen. Ellmers würde seinen Standpunkt, „Jeder holt seins“, herausschreien, sollten die Schlösser nachgeben, der Strick reißen und unser Gepäck in der Steppe landen. Dann könnten wir morgen den Somon danach absuchen. Ich stellte mir vor, wie Zyniker Lehmann sich auf „Befehlsnotstand“ berufen würde. Kaiser, dem der Wein vorzüglich schmeckte, hatte längst vergessen, wer eigentlich beim vorangegangenen Crash sein Gepäck geschleppt hatte und würde nur das eigene aufklauben. Nichts war unvorstellbar. Aber wie durch ein Wunder überstand der Nissan die Tortur unbeschadet. Haft und Petry schien die Sorge um das Gepäck nicht zu bewegen, denn sie unterhielten sich mit dem Herrn „Gouverneur“ radebrechend und gestikulierend in einem Kauderwelsch, an dem sich die Ärztin mit Ergänzungen – mal russisch, mal deutsch – beteiligte. Das alles mußte sehr lustig sein, denn das Gelächter wollte nicht abreißen. Nach etwa einer Stunde wagte ich zu fragen, wo denn die Ehrenjurten ständen. Die Ärztin meinte, ich solle nicht ängstlich sein. Mir würde nichts geschehen. Schließlich reisten wir mit dem Herrn „Gouverneur“. Dann bequemte sich dieser aber doch zu der Bemerkung, daß die Ehrenjurten gleich hinter der nächsten Senke ständen. Das war auch so, aber die nächste Senke kam erst nach weiteren 30 Minuten. Wir waren hundemüde.

Doch dann war es soweit. In einem, wie sich am nächsten Morgen herausstellte, zauberhaft schönen Tal standen drei Jurten und mehrere Zelte. Alles wurde durch Generatoren ausgeleuchtet. Wir wurden sofort von zirka 15 Leuten, überwiegend jüngeren Frauen und einigen Männern, umringt und begrüßt. Der „Gouverneur" bewies jetzt, daß er nicht zufällig „Gouverneur" war. Er ordnete an, daß – abweichend von den Normen mongolischer Gastfreundschaft und mit Rücksicht auf die weite Reise und den unübersehbaren Grad der Müdigkeit der angekommenen Gäste – die Zeremonie geändert würde. Ein älterer Mongole, der „Gouverneur" stellte ihn uns vor und meinte, daß er es als Viehzüchter mit den Besten der Mongolei aufnehmen könne. Das sei schon viel, aber nicht alles. Meister sei er nicht nur in der Organisation, nein auch in der Durchführung kleinerer und größerer Feiern. Da gäbe es niemanden, soweit ein mongolisches Roß seinen Huf gesetzt habe, der es mit ihm darin aufnehmen könne. Mit dieser Rede, glaubten wir, habe der Herr „Gouverneur" die Überleitung zum nächsten Tag gefunden. Und jetzt würde man uns unsere Schlafplätze zuweisen. Weit gefehlt.
Der all so gelobte Meister war mit zwei Gehilfen begierig, uns sofort eine Probe seines Könnens zu geben. Wie von unsichtbarer Hand gezogen, erschienen mehrere Hammel im Licht der Generatoren. Ehe diese auch nur einen kläglichen Schrei ausstoßen konnten, wurde ihnen mit einem kurzen Ruck an den Hörnern das Genick gebrochen. Das Fell war abgezogen, bevor die nachfolgenden Wagen auf dem „Platz der Ehrenjurten" eingeparkt hatten. Trotz später Stunde begannen die Frauen das Fleisch zu zerteilen und ein Nachtmahl vorzubereiten. Alles geschah zwar mit Eifer, aber auch unter Scherzen und Gelächter. Es würde Stunden in Anspruch nehmen.
Die uns zugewiesene Jurte hatte sechs Betten. Die erhielten Petry, Ellmers, Lehmann, Kaiser, ich und der Herr „Gouverneur". Auf der Fahrt hierher hatte er – so schien es – mit Petry Freundschaft fürs Leben geschlossen. Ute Haft kam in eine kleinere Frauenjurte, gemeinsam mit Frau Darima und der Ärztin. Gongor und sein Enkel schliefen im Lada. Alle anderen würden im Freien oder in Zelten schlafen. Diesmal hatten unsere Gastgeber außer den Damentoiletten auf der anderen Seite des Lagers auch Herrentoiletten aufgebaut.

Die unterschieden sich von deutschen Militärlatrinen nur durch den Stoffsichtschutz. Für mich und einige sollte das für Stunden der folgenden Nacht der Hauptaufenthaltsort werden. Die Phantasie der verehrten Leser reicht sicher aus, diesen Punkt nicht weiter berühren zu müssen.
Am nächsten Tag führte Steffen Kaiser der ungläubig staunenden Ärztin den größten seiner Koffer vor. Es war nichts anderes als eine überdimensionierte Reiseapotheke. Mückenstiche konnten ebenso behandelt werden wie Prankenhiebe eines Grizzlybären. Nichts fehlte. Vom einfachen Antischnupfenmittel bis zur Erstbehandlung von Pestanzeichen, Schienen für Arm- und Beinbrüche, Skalpelle, Schlaftabletten sowie Wadenwickel – alles da. Nur eins fehlte. Etwas gegen Diarrhöe vom allzu fetten Hammelfleisch in der Kombination mit Milchwein. Da hatte er nichts, und genau darum bat er sie. Die mongolische Ärztin sah sich die Ausrüstung lange an. „Damit können Sie ja alle Ihre Mitreisenden vergiften und noch viel mehr." Sie schloß den Koffer voller Verachtung. Energisch ging sie zu der Feuerstätte. Dort hatten die Frauen vor einigen Stunden die Hammel zubereitet. Sie nahm einen halb verkohlten Ast und schabte die Holzkohle mit einem Messer in ein Wasserglas. Darauf goß sie Archi und rief im besten Leipziger Sächsisch: „So, meine Herren, das is unsere Hausapotheke. Dringen Se dies un Se wärden drei Dage nich mehr scheißn brauchn!" Wir starrten beschämt auf den Koffer, tranken – und sie behielt Recht. Doch die vorangegangene Nacht hat sich mir bis heute fest ins Gedächtnis geprägt. Jetzt, nachdem alle ihren Schlafplatz zugewiesen und angenommen hatten, lud uns der Herr „Gouverneur" Baatarsuch Moonongin in die dritte, die Festjurte ein.
Bevor ich die nun beginnende Feier beschreibe, muß ich ein paar Worte zur Jurte verlieren. Sie ist für die Mongolen nicht nur eine Wohnung. Sie ist ihr Lebensmittelpunkt. Sie ist das Zentrum für die Familie. Der Ort, an dem Gäste empfangen, Kinder gezeugt und geboren werden und in der auch gestorben wird. Für uns ist sie so etwas ähnliches wie ein Zelt. Für Mongolen ist ein Vergleich mit einem Zelt ganz abwegig. Jurten sind rund. Zwischen 25 $m^2$ und 50 $m^2$ groß. Ausnahmen gibt es. Die Jurte hat ein Holzstangengerippe. Zwischen den Stangen besteht ein Abstand von zirka 50 cm. Auf das Stan-

Jurte von innen: Gongor, Zolmon, Peterson, Gontschig

gengerippe wird Filz aufgelegt. Etwa 2,5 bis 3 cm stark. Darüber kommt eine regenabweisende weiße Leinenhülle. Die wiederum wird fest mit breiten Stricken an den Stangen verzurrt. Die Türe der Jurte geht immer nach Osten auf. Sie ist das einzige äußere Schmuckstück. Immer bemalt – mit Geister beschwörenden Symbolen. Die Schwelle zu betreten, gilt als unhöflich, ja als Verstoß gegen das Gastrecht. Innen ist die Jurte geteilt. Kennzeichen sind zwei Mittelstangen, die die Verstrebungen tragen. Sie teilen die Jurte in eine Männer- und eine Frauenhälfte. Die imaginäre Wand von zirka zwei Metern zwischen den Stangen bleibt unberührbar. Es darf weder hindurchgefaßt, noch hindurchgegangen werden. Selbst kleine Handreichungen werden nie durch die Stangen erbracht. In der Frauenhälfte der Jurte, hart an der Mitte, steht ein Ofen. Er ähnelt dem auch bei uns bekannten Kanonenofen. Von dem Ofen steigt ein Rohr durch eine Mittelöffnung nach außen. Bei Unwetter wird die Mittelöffnung geschlossen. So bleibt die Jurte auch bei Sturm warm.

Auf der Ofenplatte werden im Familienalltag Speisen zubereitet. Im Sommer steht der Ofen auch im Freien. Geheizt wird mit getrocknetem Kameldung. Er wird im Sommer in der Steppe in Körben gesammelt und getrocknet. Neben dem Eingang der Jurte hängt eine mit dem Fell nach außen zusammengenähte Kuhhaut. Darin wird der Airak (Kumis) zubereitet. Das ist nur in der Zeit möglich, in der die Stuten ihre Fohlen säugen und Milch geben. Etwa Juni bis Oktober. Die Stutenmilch wird in dem Sack zum Gären gebracht, täglich mehrfach gerührt, getrunken und mit Frischmilch aufgefüllt. Dadurch schmeckt das vitaminreiche Getränk immer kühl und frisch. Mongolen sind Fleischesser. Sie nehmen Vitamine nur über Fleisch, Milchprodukte, wenig Getreide und den Airak auf. Der Airak ist für sie lebenswichtig. Nur wenige Mongolen leiden zum Beispiel an Zahnerkrankungen.
Die für uns vorbereitete Gästejurte unterschied sich von denen, die unsere Gastgeber bewohnten, nur gering. Es gab den Airaksack nicht. Dafür aber eine Waschgelegenheit. Ein Luxus in Wüstengebieten. Auf Safari-Reisen in Wüstengebiete, die in einem mehr oder weniger „eingeborenengerecht" wirkenden Nobelhotel enden, spürt man davon natürlich nichts. Meine Einstellung zum Wasser hat sich auf dieser Reise geändert. Mir jedenfalls wurde – zum ersten Mal im Halsan-Somon – bewußt, was für ein kostbares Gut Wasser ist. Für uns sechs Personen war ein 1,5 Liter fassender Wasserbehälter neben der Türe angebracht. An dessen Unterseite befand sich ein durch einen Stahlstift verschlossenes Loch. Durch Hochdrücken des Stiftes kam ein hauchdünner Wasserstrahl frei. Ein angefeuchteter Waschlappen reichte zum Abreiben des Körpers aus. Die angenehm trockene Luft der Hochebene verhindert den Schweißausbruch. Duschen oder gar baden können die Mongolen der Steppe auch. Doch nur bei Besuchen im Somonzentrum. Gelegentlich, wenn sie auf ihrem Zug nach neuen Weidegründen an Flüssen oder Seen vorbeikommen. Das wiederum ist nicht so selten, wie ich annahm. Doch ich bin abgeschweift.

Also, der Herr „Gouverneur" Baatarsuch Moonongin bat in die Gästejurte. Dort standen Airak, Archi und der mongolische Milchwein bereit. Der „Gou-

verneur" hatte einen Deel (das ist die mongolische Nationalkleidung) angelegt. Jetzt begrüßte er offiziell die Gäste aus dem fernen Deutschland und die Freunde und Verwandten aus der eigenen Hauptstadt. Das ging ihm nahe. Feierlich legte er ein breites grünes Tuch über Gongors Hände. Jetzt standen wir unter seinem Schutz. Gongor übernahm das Tuch mit gleichem feierlichen Ernst. Der „Gouverneur" sagte, daß er sich freue, als Vorsteher des Somons Halsan im Namen dessen Bewohner Gäste aus dem fernen, ihnen aber geistig nahen Deutschland begrüßen zu können. Er zählte auf, wieviele seiner Mitarbeiter, Freunde und deren Kinder in Deutschland (gemeint war die DDR) ausgebildet worden waren. Die deutsche Sprache und Kultur genössen hier in der Mongolei eine hohe Achtung. Er könne in seinem Somon sofort mindestens zehn Mongolen aufbieten, die ein deutsches Volkslied singen oder ein Gedicht von Goethe oder Lenau aufsagen könnten. Bei letzterem Namen lief es mir heiß und kalt den Rücken herunter. Ich gebe ehrlich zu, ihn zum ersten Mal gehört zu haben.
Gongor dankte in aller Gäste Namen. Er habe viele Freunde in Deutschland. Alle seine Familienmitglieder sprächen deutsch. Er fühle sich heute besonders glücklich, seinem guten alten Freund Jürgen Petry und dessen Freunden einen Teil seiner Heimat zeigen zu können. Es wäre ein kleiner Dank für die Unterstützung, die er von ihm immer erhalten habe.
Petry, nun ebenfalls bewegt, sagte, daß das Geleistete nicht viel sei. Wir würden gern mehr tun, wenn sich die wirtschaftliche Lage im Osten Deutschlands wieder stabilisiert habe. Es sei ihm peinlich, wenn von Hilfe gesprochen würde. Das wäre unangemessen hoch gegriffen. Er bedankte sich für die Einladung, für die Mühen der Gastgeber mit uns und sagte, daß er traurig sei, weiter kein Mongolisch sprechen zu können als eruul mendin tölöö (d. h.: auf Ihre Gesundheit). Diesen Spruch aber könne er in vielen Sprachen. Der Airak wurde getrunken.
Dann machte Gongor den Vorschlag, die Behauptung des Herrn „Gouverneurs", daß mindestens zehn Mongolen ein deutsches Lied singen könnten, auf die Probe zu stellen. Er selbst begann mit der Schubert'schen Fassung von Goethes „Heideröslein". Gongor sang einen wunderbaren Tenor – und kann-

te alle Strophen. Bei dem Gedanken, gleich allein singen zu müssen, fiel mir nicht ein einziger Textbrocken ein. Doch Freund Petry war nicht umsonst in der Mongolei gewesen. Er wußte, was kam, und hatte offenbar auch Texte gelernt. Er sang mit Lehmann zusammen „Am Brunnen vor dem Tore". Es klang ganz schön schlimm, aber die Mongolen klatschten höflich. Dann gab Gongors Enkel Mischeel mit glockenreiner Stimme Brahms „Wiegenlied". Ute Haft sang „Zogen einst drei wilde Schwäne". Die Ärztin – ebenfalls fast bühnenreif und mit allen Strophen – „Vor meinem Vaterhaus steht eine Linde". Steffen Kaiser – zu unserer Überraschung im vollendeten Bariton – die Arie des „Fallstaff". Er bekam nicht nur Beifall wie alle, sondern wurde zu einem Dakapo aufgefordert. In dem Moment machte es klick, meine Gehirnsperre fiel, und ich sang das Abschiedslied aus Lortzings Zar und Zimmermann „Leb nun wohl, mein flandrisch Mädchen". Ich sang aus vollem Herzen und mußte dreimal wiederholen. Mein lyrischer Tenor kam voll zur Geltung. Ich erhielt den meisten Beifall, und so merkte niemand, daß ich nur die ersten Zeilen des Textes vollständig kannte.

Zu Ende prüfen konnten wir die Ankündigung des „Gouverneurs" vorerst nicht. Die Frauen brachten große Schüsseln mit dampfendem Hammelfleisch. Nun ist es in der Mongolei üblich, daß der Gast die besten, das heißt auch die fettesten Stücke durch den Hausherrn gereicht bekommt. Bevor sich jedoch der Herr „Gouverneur" dieser Aufgabe voll widmen konnte, nahm ihm Gongor, der besser wußte, was einem gestreßten deutschen Magen noch zugemutet werden konnte, die Rolle des Gastgebers ab. Das Fleisch schmeckte würzig, war aber nicht so weich, wie bei uns üblich. Wir aßen mehr, als wir wollten, und unsere Mägen hielten durch – bis zum Ende des Festmahls jedenfalls. Was danach kam, habe ich bereits angedeutet.

Die Schufte Petry und Lehmann und ihre Kumpeline Haft würzten jeden Bissen mit einem winzigen Schluck Archi. Wir – mit den schwächeren Mägen – zogen den Airak und Milchwein vor. Die drei blieben dann auch von den Nachtsteppenläufen verschont, die uns andere zu Leistungssportlern werden ließen. Das Schnarchtrio Petry, Lehmann und „Gouverneur", kaum die Beine unter der Decke, erschütterte das nicht. Wir anderen aber machten uns wechselseitig und mit zunehmender Geschwindigkeit auf in Richtung der sich in der Dunkelheit hell am Nachthimmel abhebenden Schutzwand.

## Die mongolische Jagd

Ich weiß nicht genau, ob ich überhaupt richtig geschlafen hatte. Aus dem Halbschlaf aufgeschreckt wurde ich durch ein unregelmäßiges Ziehen und Pieken an meinem linken Ohr. Gerade als ich meine ganze Wut herausbrüllen wollte, sah ich, daß es Gongors Enkel Mischeel war. Er legte den Finger auf den Mund und flüsterte aufgeregt, daß ich kommen sollte. Es dauerte ein wenig, bis ich begriff, daß ich gemeint war. Der kleine Kerl wurde immer aufgeregter und zog mich nach draußen. Es war hell, aber noch früh. Ich fror. Die kurze und fast schlaflose Nacht mochte Schuld daran sein. Einige Meter von der Jurte entfernt standen der „Gouverneur", Gongor und Petry. „Der 'Gouverneur' hat uns zur Jagd eingeladen", sagte Gongor leise. Ich war sofort wach und sprang auf einen der Rücksitze des Jeeps vom Gouverneur. Dieser setzte sich ans Steuer, Gongor und Mischeel auf den Vordersitz, Jürgen Petry zu mir. Als wir losfahren wollten, stand Ute Haft am Auto. „Wo geht's denn hin?" „Zur Jagd", sagte Gongor. „Darf ich mitkommen?" Sie war richtig aufgeregt. Zunächst Schweigen. Eine Frau auf der Jagd konnte Unglück bedeuten nach der mongolischen Jagderfahrung. Für Gongor als Stadtmongole sicher kein sehr großes Risiko. Aber der Herr „Gouverneur"? Er lachte. Wenn sie verspräche, zu schweigen, falls der Jagderfolg ausbliebe, solle sie einsteigen! Keine Frage. Und dann ging es ab, während das Lager fest schlief.
Wir fuhren zirka drei Kilometer vom Lager in eine Hügelkette. Kleinere Antilopenherden tauchten auf, hielten sich aber in respektvoller Entfernung. „Eigentlich ist noch ein paar Tage Schonzeit", sagte der „Gouverneur", „und für einen Mongolen ist es wenig ehrenvoll, vom Jeep aus zu jagen. Mongolen jagen vom Pferd. Da aber liebe Gäste da sind, muß der eigene Stolz zurückstehen." Bald ginge es weiter, und es müsse auf die zeitraubende Jagd vom Pferd eben verzichtet werden. Den Gästen eine Steppenantilope vorzuenthalten,

wäre ein unverzeihlicher Verstoß gegen die Gastfreundschaft. Der „Gouverneur" lenkte den Wagen weiter in die Hügelkette. Die Antilopen wurden zahlreicher. Er versuchte, den Jeep gegen den Wind zu bringen und vorsichtig einen Abstand von zirka 200 bis 300 Metern zu erreichen. Die scheuen Antilopen hatten wohl ihre Erfahrungen nicht nur mit mongolischen Jägern zu Pferde gemacht, denn sie wichen immer wieder aus und der Herr „Gouverneur" mußte immer neue Anpirschfahrten wagen. Dann hielt er. Der „Gouverneur" fragte Petry, ob er schießen wolle. Der lehnte dankend ab. Ute Haft hätte vielleicht gern geschossen. Sie wurde aber übergangen. Ich auch. Sie, weil der Unmut der Geister nicht herbei provoziert werden mußte. Ich, wahrscheinlich wegen der Nacht. Der „Gouverneur" hatte meine Schwäche bemerkt. Also schoß Gongor.

Der stieg aus und wollte sich auf die Kühlerhaube stützen. Der „Gouverneur" räusperte sich und sagte vorwurfsvoll, „Gongor, Freund, der Antilope muß haben Chance", und zeigte auf den dritten von links. „Das ist der Bock". Die Antilopen standen wie gemeißelt vor dem Horizont. Gongor zielte lange und schoß freihändig. Eine kleine Staubwolke wenige Meter vor dem Bock zeigte die Einschußstelle. Die Herde floh in lautlosen Sprüngen. Die Blicke des „Gouverneurs" gingen mißbilligend zwischen Gongor und Ute Haft hin und her. Also doch die Geister. Oder gar die nachlassende Spannkraft des Freundes und Stadtmongolen? Nein, lieber die Geister! Gongor sollte eine zweite Chance bekommen. Diesmal dauerte es noch länger, bis der „Gouverneur" den Jeep in eine ähnlich gute Position gebracht hatte. Der Bock stand wieder ein wenig abseits. Gongor schoß. Diesmal war die kleine Staubwolke zwar näher dran, aber da war sie. Die Antilopen stoben davon. „Bist Du einer von hier oder stammst Du von hinter der Mauer?" mißbilligte der „Gouverneur". Geister konnten es nicht sein. So viel Macht gestand er ihnen doch nicht zu. Es waren die Degenerationserscheinungen des Stadtlebens. Wieder eine große Runde. Plötzlich tauchte eine kleine Herde auf. Ein Bock, drei weibliche Tiere. Entfernung zirka 200 Meter. „Leg auf", sagte der „Gouverneur". Gongor schaute ungläubig zum „Gouverneur". Nur 200 Meter und auflegen? „Leg auf", wiederholte er leise. Mischeel drückte beide Daumen für seinen Opa.

Gongor zielte sorgfältig und lange. Dann der kurze trockene Knall. Keine Staubwolke. „Getroffen“, jubelte Gongor. „Aber nur die Luft“, sagte Petry. Die Herde war längst verschwunden. Jetzt mußte das Revier gewechselt werden. Das Wild war beunruhigt. Gongor lächelte Mischeel Verzeihung suchend an. „Früher habe ich immer getroffen“, sagte er, aber es klang kleinlaut. „Die waren auch viel zu weit weg“, tröstete Mischeel den Lieblingsopa. „Wahrscheinlich trägt das alte Gewehr auch nicht mehr so weit“, meinte er. Ute Haft grinste. „Ja, ja, die Gewehre.“ Wir hielten uns in großer Entfernung von den Antilopen. Der „Gouverneur“ fuhr lange und weit um das Lager und versuchte zunächst vergeblich, gegen den Wind und die Sonne zu einer Herde in Position zu kommen. Dann gelang es. „Ein herrlicher Bock“, sagte der „Gouverneur“. Wir konnten nichts unterscheiden. Da standen sieben Antilopen. Entfernung zirka 300 Meter. „Fahr näher ran, Du wirst ihn nur verlet-

Die erlegte Antilope

zen, und wir werden ihn stundenlang suchen", sagte Gongor, und ein wenig Hoffnung schwang schon darin mit, daß jetzt die Geister noch einmal eingreifen möchten. Wenn nicht – er kannte seinen Freund.
Der stellte sich einige Meter vor den Jeep, hob das Gewehr blitzschnell, schoß – scheinbar ohne zu zielen. Der Bock sprang zwei Meter hoch und brach zusammen. So etwas hatte ich bisher nur in Western gesehen. Und da gab es ein Drehbuch, das die Treffer regelte. Es war nicht so, daß der „Gouverneur" die Glückwünsche ungern entgegengenommen hätte. „Zufall", sagte er. Aber Stolz schwang mit. Wenige Minuten später standen wir vor dem Bock. Er war bereits verendet. Die Kugel war in den Hals eingedrungen und hatte die Hauptschlagader zerfetzt. Der „Gouverneur" öffnete mit einem winzigen Schnitt das Fell und holte mit der Hand die Innereien heraus, ohne das Tier ausbluten zu lassen. Gongor freute sich. „Ihr werdet heute eine uralte mongolische Kochkunst erleben", sagte er – sich bewundernd zum „Gouverneur" wendend. „Ich wußte gar nicht, daß Du das noch kannst". Der bedauerte. „Ich kann es nicht – aber ich habe doch einen Spezialisten angekündigt."

Die Innereien – außer der Leber und dem Herz – wurden in der Steppe gelassen. „Das muß sein", sagte der „Gouverneur", „die Geister wollen es so." Dann fuhren wir ins Lager zurück. Der Bock wurde genauso bewundert, wie es in Deutschland geschieht.
Hier ist die Jagd etwas anderes. Auch der mongolische Jäger schießt nicht nur aus Not. Auch hier gilt die Jagd als männliche Tugend. Gewildert wird auch. Schlimm sogar. Die Antilopen sind Futterkonkurrenten für die Tiere der mongolischen Viehzüchter. Die Herden dürfen nicht zu stark werden. Sie würden die Existenzgrundlage der Viehzüchter, ja ihre physische Existenz gefährden. Aber zu schwach auch nicht, weil sie nur in Herden die Chance haben, die schweren Winter zu überstehen.
Der kapitale Bock von zirka 60 kg Gewicht wurde vor den Jurten ins Gras gelegt. Das, was jetzt kam, beherrschen auch in der Mongolei nur noch wenige. Das Braten eines ganzen Tieres im eigenen Fell. Die Wasserarmut in den mongolischen Steppen hat diese Kochkunst hervorgebracht. Früher allgemein

Zerlegtes Tier für den Fellbraten

Der „Meister“ füllt das Fell mit Fleischportionen.

Die glühenden Steine werden mit Stöcken in das Fell gelegt.

Das Fell ist mit Fleisch und heißen Steinen gefüllt. Es wird dicht verschlossen.

Der Fellbraten ist fertig. Der „Meister“ hat das Tier von Fellresten und Verkohlung gesäubert. Es wird begutachtet und dann aufgeschnitten. Die Kiste dient als Vorlageplatte.

üblich, heute nur an Festtagen angewandt und dann in der Regel nur mit Haustieren. Gewöhnlich Ziegenböcke. Bei erlegten Wildtieren geht das überhaupt nur, wenn das Tier keine größeren Schußverletzungen hat.
Den bedeutendsten Meister seines Faches hatte uns der „Gouverneur“ schon vorgestellt. Er besah sich sachkundig das erlegte Tier, bekrittelte die Schußlöcher, fing dann aber an zu arbeiten. Zuerst wurde ein Feuer aus Kameldung zum Brennen gebracht. Das Feuer darf möglichst keine Flammen haben, muß aber eine große Hitze entwickeln. Kameldung ist dafür ideal. Ist das erreicht, werden zirka 20 bis 30 faustgroße Steppensteine im Feuer zum Glühen gebracht.
Inzwischen wird dem dafür ausgewählten Ziegenbock mit einem kurzen, aber geübten Ruck das Genick gebrochen. In diesem Falle hatte diese Arbeit die Kugel des „Gouverneurs“ übernommen. Genickbruch ist die schnellste und wahrscheinlich auch am wenigsten schmerzhafte Art, ein Tier zu töten. Das ist hierbei aber weniger wichtig. Das Blut darf nicht verlorengehen.
Mit geübten Griffen schält der „Meister kleinerer und größerer Feiern“ den Tierkörper bis zu den Kniegelenken und den Kopf aus dem Fell, ohne dieses zu beschädigen. Gewöhnlich bleibt das Blut im Fell. Hier war es durch den Schuß zum Teil abgeflossen. Mit einer Drahtschlinge werden die Schußlöcher unterhalb des Kopfes abgebunden. So entsteht aus dem Fell eine Art Sacktopf. Jetzt wird der Tierkörper in portionsgroße Fleischstücke zerlegt, gewürzt und in eine Schüssel gelegt. Sicher, um besser durchziehen zu können. Mit zwei kleinen Stöckchen legt der „Meister“ abwechselnd Fleischstücke und rotglühende Steine in den entstandenen Sack. Noch einmal Gewürze. Dann wird das Fell wieder zusammengedreht und fest verschlossen. Ein kleiner Stock übernimmt die Funktion des Ventils. Wird der Dampfdruck im Inneren des Fells zu hoch, warnt das Ventil, und der „Meister“ reguliert ihn mit Hilfe des Stöckchens. Eigentlich das Prinzip des „Schnellkochtopfes“, nur eben aus „nachwachsenden Rohstoffen“ und tausend Jahre älter.
Ist der „Fellsack“ mit Fleisch und Steinen gefüllt, hat das Tier seine ursprüngliche Form annähernd zurückbekommen. Es wird unter häufigem Wenden in das Feuer gelegt. Die Hitze von außen und die innere, von den

Steinen kommende, bringen das Fleisch zum Garen. Der Vorgang dauert etwa drei bis vier Stunden, je nachdem, wie geschickt der „Koch“ sein Handwerk beherrscht.

Kurz bevor das Tier aus dem Feuer genommen wird, versammeln sich alle Gäste im Kreis um das Feuer. Der Gastgeber, in diesem Fall der „Gouverneur“, schenkt Airak oder Archi ein, spritzt einige Tropfen nach allen vier Himmelsrichtungen und einige ins Feuer. So dankt er der Erde, den Göttern und Geistern für die Speisen. Er wünscht Gästen und Angehörigen Gesundheit. Die Gläser werden ausgetrunken.

Jetzt kommt die schwierigste Aufgabe des „Meisters“. Das Tier ist pechschwarz durch das verbrannte Fellhaar. Es muß aus dem Feuer genommen und vom Ruß gesäubert werden. Das glühend heiße Fell wird mit einem scharfen Messer abgezogen. Schließlich liegt es haarlos und gelblichweiß vor den Teilnehmern des Festes. Das Fell darf an keiner Stelle gerissen oder mit dem Messer beschädigt worden sein, damit weder Dampf noch Flüssigkeiten austreten können.

Erst wenn der „Meister“ durch die lautstarke und allgemeine Anerkennung „entlastet“ ist, beginnt der dritte Akt – das Öffnen des Tieres. Zwischen der eigentlichen Garzeit im Feuer und dem Abschaben der Rußschicht konnte das Tier ein wenig kühlen. Jetzt wird es geöffnet. Der Dampf entweicht, und die im Inneren entstandene Brühe aus Saft, Blut und Fett wird in eine Schale gegossen. Sie wird vom Gastgeber den Gästen einzeln gereicht. Jeder nimmt einen kleinen Schluck und gibt sie an ihn zurück. Er füllt nach, und der Vorgang wiederholt sich. Die Brühe ist heiß und sehr würzig. Immer wieder wird Archi getrunken. Ich weiß nicht, ob das allgemein üblich ist, glaube es aber nicht. Doch zumindest für europäische Mägen ist es notwendig.

Das eigentliche Festessen beginnt mit dem Zerschneiden der durchgegarten Haut. Der Gastgeber teilt den Gästen Fleischportionen zu. Niemand nimmt sich irgend etwas selbst. Rang und Wertschätzung der Gäste wird durch die Art der Zuteilung deutlich. Am Ende wird alles bis zum letzten Stückchen gegessen sein. Alles andere wäre eine Kränkung des Gastgebers und eine Mißachtung der Güte der Götter.

Auch die Steine im Tierkörper haben noch eine wichtige Funktion. Heiß aus dem Inneren entnommen werden sie von Hand zu Hand gereicht. Sie sollen Glück bringen. Und das tun sie auch. Jedenfalls den Mongolen. Denn wo auf der Welt gibt es ein zweites kleines Nomadenvolk mit riesigem Territorium zwischen zwei Supermächten. Wünschen wir unseren Freunden, daß die Kunst des „Ziegenbratens" im Fell schon aus diesem Grunde nie verlorengeht.

## Pferde

Der frühe Morgen im Sommer ist auch in der Mongolei die schönste Zeit. Es ist nicht mehr kalt und noch nicht heiß. Die Steppe duftet nach Heu und bitterem Wermut. Tautropfen glitzern an den spärlichen Gräsern. Weite und Stille des Landes scheinen grenzenlos zu sein. Ich entfernte mich aus dem schlafenden Lager und stieg langsam eine leichte, vor uns liegende Anhöhe hinauf.
Der leichte Anstieg strengte mich an. Zuerst dachte ich, es wäre eine Folge des mißbrauchten Archi, des Milchweines und des Airak. Doch dann fiel mir ein, daß wir uns ja auf einer Hochebene befanden. Die Luft ist viel dünner. Das beruhigte mein Gewissen. Der Hügel war länger als angenommen. Überhaupt ist es in der Steppe schwer, Entfernungen zu schätzen.
Von Zeit zu Zeit mußte ich eine kleine Pause machen, um Atem zu schöpfen. Immer dann glaubte ich, unbestimmbare dumpfe Geräusche zu hören. Ich konnte sie aber nicht zuordnen. Zuerst war ich bereit, an ein Kopfdröhnen zu glauben. Doch je höher ich kam, um so dumpfer und unbestimmbarer wurde das Dröhnen. Plötzlich sah ich auf dem Kamm des Hügels eine Frau. Es war Ute Haft. Sie starrte wie gebannt immer in die gleiche Richtung und nahm mich scheinbar nicht wahr. Dann aber winkte sie heftig und deutete auf die andere Hügelseite. Ich beeilte mich nicht. Sie mußte mein Schnaufen nicht unbedingt hören. Doch sie achtete nicht auf mich, sondern winkte immer heftiger. Schließlich vergaß ich meine Eitelkeit und fing an zu rennen.

Nach wenigen Metern konnte ich sehen, woher die Geräusche kamen. Ein Bild, das ich nie vergessen werde, lag vor mir.
Wenige hundert Meter hügelabwärts bewegte sich eine Pferdeherde. Wieviele es waren, läßt sich nicht schätzen. 800 oder 2000? Auf jeden Fall sehr viele. Sie bewegte sich langsam grasend vorwärts. Nicht in dichten Formationen, sondern in losen Gruppen – bis zum Horizont. Deutlich konnte man die sichernden Hengste erkennen. Sie achteten darauf, daß es in der riesigen, offenbar aber in Gruppen untergliederten Herde keine Vermischungen gab.
„Extra für Dich bestellt", sagte Ute. „Ich hoffe, Du hast Deinen Fotoapparat dabei." Hatte ich nicht. Wir setzten uns auf einen Stein und ließen das Naturschauspiel auf uns wirken. Langsam zog die Herde weiter. Kein Arate war zu sehen, keine bellenden Hunde, keine Einzelgeräusche. Nur die sich langsam vorwärts bewegende Herde und das dumpfe Geräusch tausender Pferdehufe, die jeden einzelnen Laut in sich aufnahmen.
Ich weiß nicht, wie lange wir gesessen hatten. Plötzlich stand Lehmann hinter uns. Er wies grinsend mit dem Daumen zum Lager. „Seit Stunden suchen die Euch." „Ist das wahr?" frage ich. „Du wohl auch?" „Einige, das läßt sich nicht leugnen, sind inzwischen recht unwirsch." Wir gingen etwas schneller hinunter, als mir lieb war. Im letzten Drittel kam uns Ellmers entgegen. „Spinnt Ihr? Ihr seid doch nicht mit dem Reisebüro unterwegs. Was sollen unsere Gastgeber davon halten. Ihr haut ab und sagt kein Wort. Die anderen dürfen Euch suchen." „Hättet Ihr doch gerufen oder gehupt. Wir waren doch nicht weit", maulte Ute. Ich dachte mir, daß sie darauf sicher auch allein gekommen waren und hielt mich lieber zurück. Unten kam Gongor auf uns zu. Ute wurde ignoriert. Frauen waren nach seinem Verständnis nicht voll verantwortlich. Zu mir aber sagte er: „Horst, wir haben uns Sorgen gemacht. Es ist schwer, jemanden zu finden, der sich in der Steppe verirrt, wenn er sie nicht kennt." „Haben wir doch nicht, wir haben nur die Pferde sehen wollen", sagte ich entschuldigend. „Ist gut, aber hier kann man schnell die Orientierung verlieren. Die Steppe ist schön, aber nicht harmlos. Auch eine wandernde Pferdeherde nicht. Jetzt besuchen wir den Bruder des 'Gouverneurs'." Der Vorfall war erledigt.

Die Fahrt begann auf einer – wie es schien – wenig befahrenen Piste in westlicher Richtung. Nach etwa einer Stunde ließ der „Gouverneur" Baatarsuch Moonongin halten. Wir befanden uns auf einer Bergkuppe, von der aus man einen weiten Blick über das Hügelland hatte. Die Sicht war – wie übrigens fast immer – ausgezeichnet. „Man kann über 100 Kilometer weit sehen", sagte der „Gouverneur". Auf dem Hügel stand eine etwa drei Meter hohe Steinpyramide. „Hier endet unsere nähere Heimat, der Somon Halsan, in dem Freund Gongor und ich geboren wurden. Auf der anderen Seite des Berges beginnt der Somon Uulbagan. Beide Somone gehören zum Aimak (Bezirk) Suche Baatar. Ein Mongole, der seinen Somon auf diesem Weg verläßt, wird immer hier auf dem Hügel halten und einen Stein auf diese Pyramide legen. Die Zeit muß sein. Das ist eine uralte mongolische Sitte. Es bedeutet soviel wie glückliche Reise und Wiederkehr. In früheren Zeiten waren die Steinhaufen auch Wegemarkierungen und oft ein überlebenswichtiges Wasserdepot." Wir alle legten Steine auf die Pyramide, dann ging es den weiten Hügel hinab.

Nach einer halben Stunde schwenkte das Führungsfahrzeug auf einer dünnen Piste nach Osten. Wenige Minuten später konnten wir in einer Talsenke zwei Jurten erkennen. Es war der Weideplatz, den der Bruder des „Gouverneurs" gerade einnahm. Pferde, Schafe, Ziegen und wenige Kamele weideten in aufgelockerten Herden im Tal und zwischen den Hügeln.
Unser Besuch war angekündigt. Der Bruder des „Gouverneurs" erwartete uns mit seiner ganzen Familie vor der Jurte. Die Erwachsenen waren festlich gekleidet. Männer und Frauen trugen einen reich mit Ornamenten verzierten, farbigen Deel. Der wurde nur bei feierlichen Anlässen getragen. Sonst lag er in einer luftdichten Truhe, zwischen wohlriechenden, Motten vertreibenden Kräutern. Die Familie erwartete uns im lockeren Halbkreis vor der Jurte. Der Hausherr begrüßte seine Gäste. Mit großer Feierlichkeit legte er eine hellblau seidene Schärpe dem „Gouverneur", also dem eigenen Bruder, über beide Hände. Dann nahm er eine rosa Schärpe und wiederholt das gleiche – genauso feierlich – mit Gongor. Die Farbwahl kann zufällig sein. Wir wissen es

Der Bruder des Gouverneurs, seine Frau und zwei seiner Töchter. Die Familie ist mit zirka 15 Personen viel größer. Hier alle noch ohne festliche Nationaltracht.

nicht. Begrüßt werden so die aus der Fremde heimkehrenden Familienmitglieder. Das Ritual heißt sie als Gast willkommen. Von nun an stehen sie mit allen Begleitern, Fahrzeugen und Tieren unter dem Schutz des Hausherrn. Sie sind wieder ein Bestandteil der Familie. Das alles vollzieht sich schweigend. Erst als beide die Schärpen zusammenlegen, begrüßen sie mit gleicher Feierlichkeit den Hausherren und danach, immer lockerer werdend, die Familienmitglieder nach Rang und Alter.

Dann wurden wir einzeln vorgestellt und mit dem Begrüßungsairak bewirtet. Gongor zwinkerte mir zu. Er deutete auf den Airak. „Merkst Du den Unterschied? Der ist gemacht von Fachleuten. Ganz frisch." So war es auch. Neben der Hauptjurte standen sieben angebundene Stuten. In einiger Entfernung, so daß sie von den Müttern zwar gesehen, aber nicht erreicht werden konnten, lagen dösend die dazugehörigen Fohlen. Später wurden sie zu ihren Müttern geführt und durften saugen. Die Töchter des Hausherren achteten darauf, daß die Fohlen nicht zuviel tranken. Etwa die Hälfte der Milch mußte für den Airak bleiben. Der Hausherr lud uns in die Jurte ein und wies uns die besten Plätze an. Die Hausfrau servierte kaltes Hammelfleisch und das steinharte Käsegebäck. Man mußte es im Mund zergehen lassen. Dazu gab es den bereits beschriebenen, mit Milch gekochten Ziegeltee. Erst nachdem wir – die Gäste – gegessen und getrunken hatten, richtete der Hausherr an uns Fragen nach dem Woher, Wohin und wer wir seien. Freunde Gongors zu sein, war hier die beste Empfehlung. Später hatte ich mit dem jüngsten der Söhne des Hausherrn (er war vielleicht 15) das folgende Gespräch, das von der Ärztin für mich gedolmetscht wurde:

Er: „Du hast einen roten Bart. Der ist schön. Rotbärte sind starke Charakter. Dschingis Khan hatte einen roten Bart. Bist Du zu Hause ein großer Bahadur?"

Ich: „Danke für die netten Worte, Freund. Nein, Bahadur wird man nicht nach der Bartfarbe. Und einen roten Bart soll auch Lenin gehabt haben. Das ist bei uns heute eine weniger gute Voraussetzung, Bahadur zu werden."

Er: (den Doppelsinn offenbar nicht verstehend) „Das nicht, aber ein gutes Vorzeichen ist ein roter Bart!“

Ich: „Darüber habe ich noch nicht nachgedacht. Allerdings wäre es langsam an der Zeit, daß das Vorzeichen einträfe, denn der Bart wird silbern.“

Er: „Bist Du verheiratet?“

Ich: „Ja, schon viele Jahre.“

Er: „Ist die schöne Frau dort Deine?“ (Er wies auf Ute Haft.)

Ich: „Nein. Meine ist zu Hause. Sie arbeitet und verdient das Geld für meine Reise.“

Er: (das Thema wechselnd) „Wo bist Du zu Hause?“

Ich: „In Lindenberg, das liegt in Deutschland.“ (Ich wies mit der Hand mehrfach nach Westen.)

Er: „Ich weiß. Wie weit ist Deutschland? Weiter als dort, wo die Russen wohnen?“

Ich: „Ja, viel weiter westlich. Aber so sehr weit auch nicht. Deine Vorfahren waren schon da. Etwa vor 780 Jahren.“

Er: „Das weiß bei uns jedes Kind.“ (wieder das Thema wechselnd) „Bei Euch gibt es keine Jurten. Wo lebst Du?“

Ich: „In einem kleinen Haus. Es gehört mir!“

Er: „Ich habe in Baruun-Urt (das ist die Hauptstadt des Suche Baatar Aimaks) in einem Haus gewohnt. Das ist nicht schön. Man hat keine Luft zum Atmen, wie hier. Mongolen lieben Häuser nicht.“

Ich: „Aber die Mongolen der Stadt? Mein Haus ist kleiner. Mehr wie eine Jurte. Nur nicht rund und nicht aus Filz, sondern Holz und Schiefer.

Er: (lächelnd) „So, so, mehr wie eine Jurte also. Die Tochter meines Onkels sagt, in Deutschland gibt es Häuser wie Berge und wo Steppe war, sind Autobahnen.“ (Einfamilienhäuser gibt es in der Mongolei sehr selten und fast nie für Familien. Er glaubte offenbar, mich beim Aufschneiden ertappt zu haben.) „Ich denke, es ist schwer, bei Euch zu leben.“

Ich: „Es ist anders, aber schwerer auch nicht. Natürlich nicht so frei.“ (Ich wies in den Umkreis.)

Er: „Hast Du ein Motorrad?“
Ich: „Nein. Ich habe ein Auto.“
Er: (anerkennend nickend) „Ein Auto, das ist gut!“
Ich: „Das brauche ich, weil ich damit zur Arbeit fahren muß.“
Er: „Warum arbeitest Du nicht dort, wo Du wohnst?“
Ich: „Dort gibt es keine Arbeit für mich.“
Er: (wieder das Thema wechselnd) „Wieviel Pferde hast Du?“
Ich: „Keine.“
Er: „Keine? Und die anderen dort?“ (Er zeigt auf die Reisegesellschaft.)
Ich: „Ich glaube keiner. Petry hat ein paar in der Mongolei. Bei uns haben nur wenige Menschen Pferde.“
Er: (aufstehend und mit einer Miene, die mir deutlich zeigte, daß ich die Hochachtung, die ich durch meinen roten Bart vorab erworben hatte, nun eingebüßt habe)
„Keine Pferde hast Du. Ein Mann in Deutschland mit Jurtenhaus und keine Pferde. Da könnte ich nicht leben.“

Langsam entfernte er sich, immer noch nicht fertig mit dem Gedanken, daß keiner von uns Pferde besaß.

Gongor hatte Archi mitgebracht und wir Wilthener Weinbrand von Spitzenqualität (wie wir glaubten). Steffen Kaiser öffnete eine Flasche und schenkte reihum ein. Die Mongolen tranken höflich, aber man sah, daß es ihnen nicht schmeckte. Den Frauen schien dagegen ein grüner Pfefferminzlikör genauso willkommen wie Schokoladenlikör. Die Flaschen jedenfalls leerten sich.

Gongor wollte ein ganz bestimmtes Pferd, einen zweijährigen Hengst, sehen. Er möchte ihn kaufen.
Später erfuhren wir, daß er selbst ein (für unsere Begriffe) bedeutender Tierbesitzer (nicht Züchter) ist. Er hat bei seinem Onkel, etwa 120 Kilometer südwestlich von Ulan Bator, eine eigene Herde von zirka 150 Pferden, 300 Schafen und vielleicht 50 Langhornrindern stehen. Das ist ein Teil seiner Wirtschaftsgrundlage. Seine Mitarbeiter bekommen im Spätherbst einen Teil ih-

res Lohnes in Naturalien. Etwa ein bis zwei Schafe, eine halbe Kuh und ein halbes Pferd. Auch die Stadtmongolen kaufen Fleisch nur im Sommer nach dem Tagesbedarf. Im Winter wird es in halben oder ganzen Tieren gekauft, portioniert und (in der Regel) auf dem Balkon – seltener in Gefriertruhen – für den Winter eingefroren. Der Einkauf bei einem Züchter oder Besitzer ist preiswerter. Außerdem kennt der Käufer den Verkäufer und dieser den Käufer. Der Handel ist mehr als ein Geschäft. Es ist ein Teil ihres Lebens.
Jetzt möchte Gongor den zweijährigen Hengst sehen. Mein Interviewpartner löst einen kräftigen Falben vom Pflock auf der anderen Seite der Jurten. Dort sind die Reitpferde angebunden. Tagsüber immer gesattelt, damit man sofort lossprengen kann. Er hält eine Art Angelrute mit einer Schlinge am oberen Ende in der Hand. Die Stange ist vielleicht sieben Meter lang. Der Falbe geht aus dem Stand in einen scharfen Trab über. In einer Entfernung von etwa zwei

Mein Interviewpartner fängt Gongors Junghengst

Kilometern weiden die Junghengste. Der Junge reitet zwischen die Tiere und beginnt mit geschickten Manövern, ein Tier zu isolieren und in Richtung der Jurten zu treiben. Der Junghengst versucht auszubrechen und in den Schutz der Herde zurückzulaufen. Es gelingt ihm nicht. Er entschließt sich zur Flucht in unsere Richtung. Der Junge ist schneller. Immer wieder schneidet er dem Junghengst den Weg ab. Der Falbe scheint Freude an der Verfolgung zu haben und macht von sich aus mit. Etwa 50 Meter vor den Jurten wirft der Junge, in den Steigbügeln stehend, dem Hengst die Schlinge um den Hals. Im gleichen Augenblick bleibt der Falbe stehen. Ein gewaltiger Ruck. Ich befürchte, mein Interviewpartner fliegt in hohem Bogen in die Steppe. Nichts dergleichen. Er stemmt sich in die Steigbügel und der Falbe scheint mit der Erde verwachsen zu sein. Der Hengst geht in die Knie, springt auf, tobt. Die Schlinge zieht sich immer fester zu. Die Luft wird knapp. Schweiß tritt aus. Man hört den pfeifenden Atem. Dann, ganz plötzlich ergibt sich der Junghengst. Er bleibt zitternd stehen, läßt sich willig neben den Falben ziehen. Die Schlinge wird gelockert. Mit wenigen Griffen legt der Junge dem Hengst einen Zaum an. Der weiß, daß er verloren hat und wehrt sich nicht mehr. Willig trabt er neben dem Falben ins Lager. Der Junge hat eine Prüfung bestanden. „Ein Baator ist er", sagt Gongor anerkennend zum Hausherren. Der nimmt seinem Sohn schweigend den zitternden Junghengst ab. Hinter seiner betonten Gleichgültigkeit kann man den Stolz auf den Sohn unschwer erkennen.

„Nun, meine Herren, wer möchte den Falben reiten?" fragte die Ärztin. Noch ehe wir etwas sagen konnten, war sie – den Sattelknauf nur leicht mit der Hand berührend – in den Sattel gesprungen. Der Falbe, erschrocken von dem Überfall, keilte hinten aus. Der Kopf berührte fast die Erde, die Hinterbeine standen noch in der Luft. Sie saß eisenfest. Dann ein Sprung mit allen Vieren in die Luft, ein Aufbäumen vorn. Der Gastgeber hielt sich nur zurück, weil der „Gouverneur" ihm die Hand auf die Schulter legte. Er sagte etwas Beruhigendes. Die junge Frau hatte die Zügel fest in der Hand. Ein kräftiger Schlag mit dem Zügelende. Der Falbe schoß davon. Wechselnd vom scharfen Trab zum kurzen Galopp. In Minuten waren beide hinter dem Hügel verschwunden.

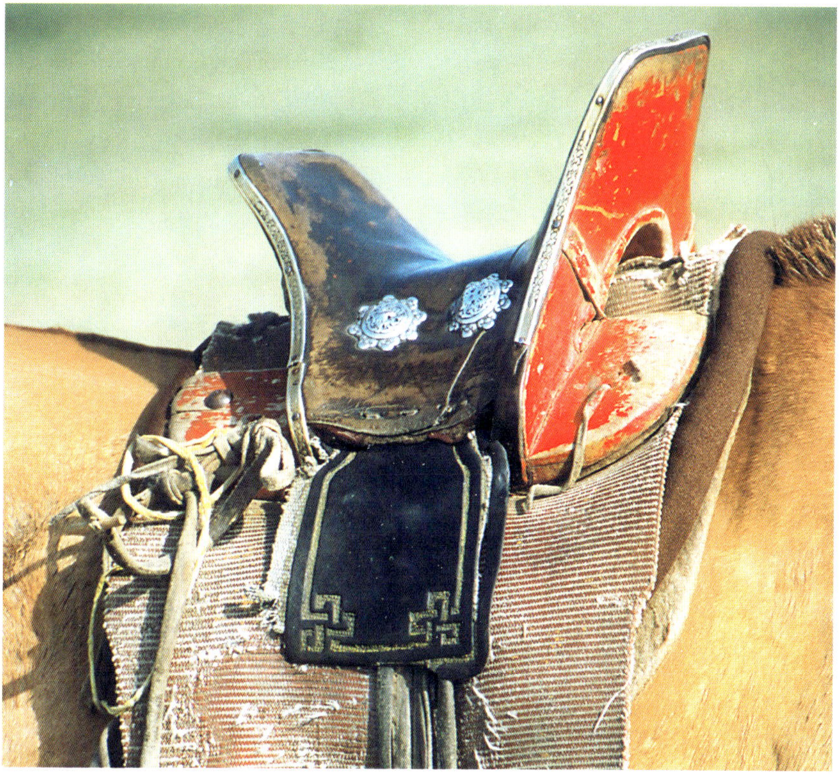

Ein mongolischer Sattel

Mongolische Reiter sitzen nicht bequem im Sattel. Sie stehen in den Steigbügeln. Der Sattel ist nur zum Abstützen gedacht und für das Reiten im Schritt. Der Sattel ist gewollt unbequem angefertigt. Dort wo die Oberschenkel mit der Innenseite anliegen, sind Rosetten angebracht. Mit den Zacken nach außen – Kronkorken ähnlich. Der Reiter soll es dem Pferd bequem machen, nicht sich.

Dann kam die Ärztin wieder angesprengt. Jetzt ging der Falbe im gestreckten Galopp. Unglaublich, was die kleinen, stehend meist vor sich hindösenden, kräftigen Pferdchen für eine Geschwindigkeit und ein Temperament entwickeln. Mit leichtem Druck brachte sie ihn zum Stehen. Kein Schweiß, kein schwerer Atem, aber glänzende Augen bei Pferd und Reiterin. Ellmers wollte ihr aus dem Sattel helfen, doch sie sprang heraus wie eine Katze. Eines der Kinder band den Falben an den Pflock. „Sie haben nichts verlernt", sagte Petry anerkennend und Steffen Kaiser wollte wissen, wie lange man braucht, um so reiten zu lernen. „Das ist uns angeboren", antwortete sie und verbarg ihren Stolz nicht. „Wir können erst reiten, dann laufen. Deshalb sind unsere Beine auch etwas krumm." Sie konnte gut lachen. Ihre jedenfalls nicht, soweit man das bis jetzt feststellen konnte.

Nun wurde der Junghengst besichtigt. Mir gefiel er offen gesagt nicht. Es war auch ein Falbe. Ein wenig heller vielleicht. Recht mager, eigentlich schon dürr, mit nicht harmlos wirkenden Wunden und Narben an Hals, Brust und Beinen bedeckt. Einige noch frisch, andere ganz oder teilweise ausgeheilt. Ich wies Gongor darauf hin. „Das ist ein gutes Zeichen, Horst. Er beginnt sich früh für die Stuten der Leithengste zu interessieren. Dafür bekommt man etwas ab. Vielleicht erinnerst Du Dich noch. Ein prächtiger Hengst wird er, falls er zuvor nicht getötet wird. Warten wir es ab."
Später verhandelte er mit dem Bruder des „Gouverneurs". Der schien sich zu sträuben, doch das ist ein Teil des Verkaufsgespräches. Es zog sich hin. Schließlich holte der Hausherr die rosa Schärpe. Er legte sie über seine Hände und übergab sie den ihm von Gongor entgegengestreckten. Der Kauf war vollzogen. Jetzt wechselte die Schärpe den Besitzer mit dem Pferd. Das ist der bei uns beim Pferdekauf noch übliche Handschlag. Alles klar, und jeder hält sich daran. Eine Sache der Ehre. Die Schärpe wurde dem Hengst in die Mähne geflochten. Jetzt gehörte er Gongor. In einigen Wochen würde einer der Söhne ihn zu Gongors Herde bringen, die etwa 1000 Kilometer entfernt weidet. Und wenn er, wie Gongor sagte, nicht zuvor getötet wird, kann er in ein bis drei Jahren Leithengst werden. So lange, bis ein neuer Junghengst sich für seine Stuten interessiert und von ihm nicht früh genug getötet oder schwer verletzt wird. Das ist der Lauf der Welt.
Der Hausherr bat zu Tisch. Wir setzten uns in der Jurte im Kreis auf den Fußboden. Zunächst ein Schälchen Airak. Der erste Gang – eine Besonderheit in

Gongor mit seinem neu erworbenen Junghengst. Für mongolische Pferdekenner ein Prachtexemplar, für uns ein mickriges Fohlen.

der Mongolei – Nudelsuppe mit Fohlenfleisch. Alle wußten es, nur Ute Haft nicht. Das Fohlen gehörte vielleicht bei unserer Ankunft noch zu denen, die in einiger Entfernung von den Milchstuten vor sich hindösten. Gongor meinte, wir sollten es ihr nicht sagen. Die Araten brauchen Stutenmilch. Nicht alle Fohlen bleiben am Leben. Die Fohlen werden nie geschlachtet, wenn ihre Mütter zusehen können. Sie würden böse und störrisch werden. Fohlen werden auch nie im Fell gebraten. Gongor sagte, „das Pferd ist der treueste Freund der Mongolen“. Mir wurde es unheimlich. Waren wir nicht auch Freunde der Mongolen? Vielleicht kam Petry morgen in die Nudelsuppe! Ich würde meinen Anteil nicht verweigern.

Nach der Nudelsuppe gab es das mongolische Nationalgericht „Boos". Das sind mit würzigem Fleisch gefüllte Teigtaschen. Die Russen nennen das Gericht Pelmeni, die Schwaben Maultaschen. Das Grundrezept ist etwa gleich, der Inhalt immer anders. Ich jedenfalls finde, daß die mongolischen „Boos" die am besten schmeckenden Teigtaschen sind. Andere habe ich bisher nicht gegessen.

Nach dem Essen gab es Tee und eine Plauderei. Der Hausherr fragte nach der Wende und ihren Auswirkungen für den Osten Deutschlands. Wir berichteten Gutes, Nachdenkliches und auch Änderungswürdiges. Bereits nach wenigen Sätzen wurde deutlich, mit welch tiefem Ernst er die Veränderungen verfolgt. Mit elementarer Gewalt änderte sich das Leben nach dem Zusammenbruch des Sozialismus. Hier am Ende der Welt nicht ganz so schnell, aber spürbar.

Mongolen denken mit. Seit Generationen gewöhnt, die Zeichen der Natur zu deuten, brauchen sie keine Flut von Informationen, um Veränderungen zu bemerken. Die Gefahren, die ihrem Leben – besser ihrer Lebensweise – drohen, lesen sie aus Anzeichen, aus scheinbar belanglosen Details. Die Bier- und Coladosen am Pistenrand, die Reifenspuren in der Steppe, die sich auch noch nach Jahren abzeichnen, sind Vorboten tiefgreifender Veränderungen. Da sind die Geologengruppen aus Japan, den USA und auch aus Europa, denen sie oder auch andere, selten zwar, aber eben doch begegnen. Da sind die – obgleich noch sehr wenigen – Touristenstationen, an Wasserstellen gebaut. Es spricht sich herum, daß ein Japaner oder Europäer an einem Tag mehr Wasser verbraucht als eine mongolische Familie im Jahr. Da kommen plötzlich Jagdgesellschaften. Antilopen, Wölfe, Füchse und sogar die mongolischen Panther werden für Geld geschossen. Wilddiebe treiben ihr Unwesen. Tabus werden gebrochen. Man spricht über Jagdbeschränkungen für Araten.

„Eine Bierdose zerfällt in Europa vielleicht in zwei Jahren", sagte der Hausherr, „bei uns noch nicht einmal in 100 Jahren. Die Luft ist trocken. Es ist", sagte er, „vielleicht eine Gnade der Götter, so zu leben wie wir." Nach einer Pause, „Gnade währt nicht ewig. Wir müssen uns zurechtfinden in einer Welt, die wir nicht kennen und die wir nicht aufhalten können, nur weil wir sie nicht wollen."

Später erzählte uns Gongor, daß der Hausherr zum Abgeordneten gewählt werden sollte – im „Großen Volkschural". Das ist das mongolische Parlament. Er hat abgelehnt. Er weiß, daß er als Abgeordneter nicht hier in der Steppe leben könnte. Er weiß auch, daß er in einem Neubaublock in Ulan Bator nicht leben will. In Kauf nimmt er, daß er es mit seiner Entscheidung anderen überläßt, für und über ihn zu entscheiden. Auch über seine Lebensweise und die seiner Kinder.

Zur mongolischen Nationaltracht, dem Deel, gehören auch Stiefel mit nach oben gebogenen Spitzen. Als Kleidungsstück mehr als ein Symbol. Es ist der materialisierte Wille der Götter. Eine ständige Mahnung an die Menschen, die heilige Erde nicht zu verletzen. Die kostbare dünne Grasnabe nicht zu beschädigen. Wer das tat, verstieß gegen ein Tabu. Wer auch immer diese Grundregel des Nomadenlebens irgendwann einmal aufgestellt hatte, wußte, daß nur ein göttliches Gebot die Menschen davon abhalten wird, mit der hauchdünnen Grasnabe die eigenen Lebensgrundlagen zu zerstören. Unter dem Gras ist Sand, und Sand bedeutet bei den gewaltigen Stürmen im Frühjahr und Herbst auf der mongolischen Hochebene Erosion. Erosion bedeutet Wüste.

Die Mongolei kann nur von Nomaden bewohnt werden. Die Steppe braucht die Tiere, wie die Tiere die Steppe. Kurz gefressene Gräser, ausreichende Düngung durch die Großherden und ständige Bewegung, um das Überweiden und Zerstören der Grasnabe zu verhindern. Deshalb bestimmen die Tiere den Lebensrhythmus der Menschen. Sie ziehen weiter, wenn das Gras abgefressen ist, und der Mensch muß folgen. Tut er es nicht, bleiben die Folgen nicht aus. Das göttliche Tabu gilt unabhängig von der Gesellschaftsordnung. Wird es gebrochen, gleichgültig ob durch Überweidung oder mit Hilfe nach Bodenschätzen wühlender technischer Geräte, dann stirbt das „grüne Grasland" Mongolei. Die Erde wird dann eine Wüste mehr haben. Anschauungsmaterial gibt es genug. Die „Neulandgewinnung" in der Sowjetunion – unter vergleichbaren Bedingungen – hat schneller und nachhaltiger Wüsten geschaf-

Der Bruder des Gouverneurs mit Nationaltracht, zu beachten die nach oben gebogene Stiefelspitze

fen als alle anderen ökologischen Sünden der Menschen zusammen. In der Mongolei ist es noch nicht zu spät.

Die Ärztin mahnte zum Aufbruch. Wir verabschiedeten uns von unseren freundlichen Gastgebern mit Geschenken an die Familienmitglieder und dem Versprechen, Fotos zu schicken.
Im Lager hatte der „Meister kleinerer und größerer Feste“ einen Hammel bra-

ten lassen. Diesmal nicht in der eigenen Haut, sondern in einer Art Milchkanne. Die Kanne ersetzt die Haut. Der Vorgang ist natürlich weniger rustikal. Abgesehen davon gleicht alles dem bereits beschriebenen Antilopenbraten. Fleisch, Innereien und heiße Steine kommen in die Kanne und diese selbst dann ins Feuer. „Das ist 'mongolische Kochkunst' für Stadtmongolen", sagte die Ärztin etwas abfällig. Sie könne das auch, obgleich sie es nie zur „Meisterin größerer und kleinerer Feste" bringen werde. Der Hammel schmeckte ausgezeichnet. Sehr würzig und fett für einen europäischen Gaumen. Aber Mongolen brauchen viel Fett, weil sie wenig Wasser trinken, sagte die Ärztin.

Nach dem Essen lud der „Gouverneur" zum Knobeln ein. Das mongolische Knobelspiel ist für uns zu intelligent. Das heißt, wir konnten das aus Fingerspiel und Singen kombinierte Spiel nicht schnell erlernen. Deshalb entschieden sich die Mongolen für das deutsche (Stein, Schere, Brunnen, Papier). Der Verlierer hatte – wenn es ein Mongole war – einen Weinbrand zu trinken. Ein Deutscher ein Glas Milchwein. Die Wirkungen blieben nicht aus. Das hatte aber den Vorteil, daß es nicht ewig ausgedehnt werden konnte. In dieser Nacht schlief ich wie ein Toter. Weder Bauch- noch Kopfbeschwerden plagten mich. Als ich erwachte, war es bereits heller Tag.

Das Frühstück bestand wiederum aus gekochtem Hammel und Tee. Kurz danach traf der mongolische Schriftsteller Sereeteriin Shamjansharaw zu Besuch ein. Er hatte gehört, daß Buchhändler und Verleger aus Deutschland im Aimak unterwegs wären. Woher er das wußte, sagte er nicht. Die Vögel hätten es gemeldet, meinte er lächelnd. Er wollte den deutschen Buchhändlern und seinem Verleger Gongor seine Referenz erweisen. Die etwa 100 Kilometer von seinem Wohnort Widerchaan hatte er in zwei Tagen auf einem kräftigen Schimmel zurückgelegt. Dem munteren Pferdchen sah man nicht an, daß es gerade 100 Kilometer gelaufen war. Shamjansharaw den Ritt schon eher. Steif stieg er aus dem Sattel. Den Tee schlürfte er laut und genüßlich.

Gongor begrüßte ihn herzlich. Er ist sein Verleger, Drucker und Verkäufer seiner Werke. Shamjansharaw ist siebzig Jahre alt. Acht Bücher hat er geschrieben. Zwei sind ins Chinesische, drei ins Russische und Kirgisische übersetzt.

Er arbeitet als Viehzüchter und schreibt nebenbei. Seine Themen sind einfach. „Die Menschen im Kampf mit der Natur und die Ungeheuerlichkeiten, die sie sich gegenseitig antun", sagte er. Früher habe er von der Regierung ein Gehalt bekommen. Er konnte mehr schreiben und mußte weniger schwer arbeiten. Doch nach der Wende bezahle niemand mehr freie Schriftsteller. Aber er sei nicht unzufrieden. Ihm gehe es gut.

Habe die Regierung, die ihm früher das Gehalt gezahlt habe, nicht bestimmt, was und wie er zu schreiben habe, fragte Steffen Kaiser. „Ja, ein wenig schon. Aber die Regierung wollte auch mongolische Schriftsteller. Heute", meinte er schmunzelnd, „heute sagt es mir nicht die Regierung, sondern mein Verleger." Er deutete auf Gongor. „Und der bezahlt mich nicht einmal. Zumindest nicht gut." Alle Mongolen lachten. „'Du darfst nicht auf die Ausländer schimpfen', hat er kürzlich gesagt. 'Die wühlen nicht in der Erde, um Dich zu ärgern. Die suchen Bodenschätze. Schreibst Du schlecht über sie, reisen sie ab.' Ich schrieb schlecht über sie, und sie reisten nicht ab. Es interessierte sie nicht. 'Schreib, wie schlecht es uns ging, als die Russen hier waren', hat sein Mitarbeiter gesagt, 'das verkauft sich besser.'"

„Haben Sie gemacht, was Ihre Verleger gesagt haben?" fragte ich. „Nein, habe ich nicht. Früher haben sie gesagt, daß ich nicht auf die Russen schimpfen soll. Die zerwühlen mit ihren Panzern nicht unsere Erde, um mich zu ärgern, sondern sie beschützen uns vor den Chinesen. Ich habe es aber trotzdem getan. Sie zerwühlten die Erde weiter – aber sie sprachen mit mir. Doch wir verstanden uns nicht."

„Ist es schwer, als Schriftsteller in der Mongolei zu arbeiten?" fragte ich. „Nein, nein. Leicht aber auch nicht. Die Verlage drucken lieber amerikanische Comics. Vielleicht auch Billiges aus anderen Ländern. Mongolische Autoren", sagte er bitter, „sind nicht modern."

„Wer von Euch ist Verleger?" fragte er und sah aufmerksam in die Runde. „Der da", antwortete Gongor für Lehmann. Shamjansharaw sah Lehmann lange an. „Dein Gesicht gefällt mir", sagte er. „Du hast Humor. Ich sehe es an den Lachfalten. Gongor hat auch Humor. Er findet es lustig, wenn er einen Schriftsteller an der Leine hat." Beide lachten.

Der Schriftsteller Sereeteriin Shamjansharaw in Nationaltracht.

„Was für Bücher bringst Du in Deinem Verlag?"
„Kinderbücher und Geschichte", sagte Lehmann.
Shamjansharaw schüttelte den Kopf. „Was für Kinderbücher bringst Du?"
„Nur gute. Das beste aus dem Schatz der Völker östlich von Deutschland."
Er nickte bedächtig. „Östlich von Deutschland liegen Kirgisien, Kasachstan, China, die Mongolei. Hast Du viele Bücher dieser Völker verlegt?"

| | |
|---|---|
| Lehmann: | (verlegen) „Nein, nicht viele. Ehrlich gesagt, keine." |
| Shamjansharaw: | „Warum sagst Du dann östlich von Deutschland?" |
| Lehmann: | „Ich meinte Russen, Polen, Ungarn, Esten, Tschechen und andere." |
| Shamjansharaw: | „Es gibt mehr Völker östlich von Deutschland." |

Er schwieg. Es entstand eine lange Pause.
„Wann erschien Ihr letztes Buch?" fragte Petry, um die Pause nicht zu lang werden zu lassen. Shamjansharaw zog einige Büchlein aus dem Deel. „Vor zwei Wochen." Er gab allen – außer Lehmann – eine der Broschüren. „Für Dich ist es nichts", sagte er langsam, „zu weit östlich von Deutschland." „Es wird schwer", sagte Petry, „wir wollen es mitnehmen." Shamjansharaw nickte, war aber nicht mehr bei der Sache. Er lehnte Gongors Einladung, zum Mittagessen zu bleiben, ab. „Ich habe noch einen weiten Weg", sagte er, „und bin schon alt." Sein Schimmel trabte kurze Zeit später mit ihm nach Osten.

Ich hörte, wie Petry die Ärztin leise fragte, ob sie hier zurecht komme nach dem jahrelangen Europaaufenthalt. Sie dachte lange nach. „Ich habe einen guten Mann und einen guten Freund (sie deutete nicht auf den „Gouverneur", aber jeder wußte, wer gemeint war). Und gebraucht werde ich hier. Aber manchmal, manchmal ist es nicht leicht." Sie ging schnell in die Steppe. Der „Gouverneur" bat Petry in die Jurte. Die Mongolen saßen in der Runde und Petry – als „Ehrenmongole" – wurde dazugeladen. Der Gastgeber füllte eine Schale mit Airak und gab sie dem Gegenüber. Der trank einen kleinen Schluck und gab sie zurück. Der Gastgeber füllte das Getrunkene nach und reichte dem nächsten die Schale. Die Zeremonie wiederholte sich. Lange, bis die Abschiedszeremonie mit einem Stück Hartkäse endete.

Eine mongolische Grenzmarkierung

Wir stiegen in die Autos und fuhren in Richtung Nordwest gen Ulan Bator. Der „Gouverneur“ und die Ärztin begleiteten uns bis zur Grenze des Somons. Letzter Halt an der Pyramide. Die Archi-Flasche wurde geöffnet. Es wollte keine Fröhlichkeit aufkommen. Die Geister nahmen ihren Anteil stumm entgegen. Wir auch. Dann wurden wieder Steine nach oben gelegt. Dankbar verabschiedeten wir uns von unseren Gastgebern, die aus europäischer Sicht „am Ende der Welt“ wohnen.
Während wir in die Autos stiegen, die uns nach Ulan Bator bringen sollten, blieben unsere beiden Gastgeber an der Grenze ihres Heimatsomons stehen. Sie winkten, bis sich die flimmernde Steppe, der Staub, die Pyramide und die beiden Menschen zu einem undeutlichen Etwas vereinten. Hinter uns wurde alles kleiner und undeutlicher. Schließlich war nichts mehr zu erkennen als das braun-grüne Grasland.

Die Autos bewegten sich relativ langsam auf den Pisten. Links und rechts sahen wir kleinere Kropfantilopenherden, häufiger Trappen, seltener Füchse. „Es scheint als hätten die Murmeltiere abgenommen, die früher zu Zigtausenden die Steppe bevölkerten“, meinte Petry. Jetzt sind sie als Überträger der Pest in Verruf gekommen. Das scheint ihnen die Sympathie der Araten und damit immer schneller das Fell gekostet zu haben. Die possierlichen Tierchen mit dem schlechten Ruf kommen noch vor. Nur in größeren Abständen. Vielleicht mehr außerhalb der Sichtweite der Fahrzeuge.
Langsam brach die Dämmerung herein. Der Sonnenuntergang in der mongolischen Steppe ist ein unwiederbringliches Erlebnis. Der westliche Horizont scheint zu brennen. Man sieht die Landschaft stechend scharf. In großer Entfernung heben sich Hügel, Findlinge, Pferde, Kamele oder Wildtiere gegen

Halbwilde Hauskamele auf der Suche nach Wasser. Sie tragen Fußfesseln und Nasenringe. Der Besitzer kann nicht sehr weit weg wohnen.

Halbwilde Yakherde in der Steppe

Langhornrinder auf Futtersuche

die untergehende Sonne ab. Die Temperatur fällt. Mit dem langsamen Sonnenuntergang wird es zunächst angenehm mild, dann aber empfindlich kühl. Plötzlich ist es dunkel. Links und rechts am Wege leuchteten wieder Augen der Wildtiere. Vor uns machte der Lada eine zügige Fahrt auf. Es schien, als würde die Entfernung zu ihm größer. Schließlich erkannten wir nur noch die Rücklichter des Vorausfahrzeuges. Steffen Kaiser redete auf den Fahrer ein und versuchte, ihm etwas zu erklären. Der lachte, nickte, fuhr aber weiter, ohne sich von dem immer aufgeregter werdenden Kaiser irgendwie beeindrucken zu lassen. „Die Ladekontrollampe brennt schon wer weiß wie lange, und das Licht erreicht kaum noch die Piste!“ schrie er schließlich, nervös geworden. „Und der Kerl reagiert nicht!“ Jetzt waren alle munter. Tatsächlich war das Licht fast erloschen. Wir hatten kaum noch Sicht. „Wir können jeden Moment liegenbleiben“, sagte Ellmers. Das war allen klar, deshalb antwortete niemand. Schließlich griff Gongor ein. Der Fahrer sollte links in die Steppe fahren. Er tat es. Der Nissan ruckelte bereits bedenklich, als wir endlich hielten. Vor uns Scheinwerfer. Der Lada hatte gewendet und kam zackend auf uns zu. Wir hielten 100 Meter neben der Piste. Keine wünschenswerte Situation. Die nächste Somonhauptstadt, in der es wahrscheinlich eine Tankstelle, vielleicht eine Werkstatt, sicher aber ein Telefon gibt, lag weit vor uns. Etwa 150 bis 200 Kilometer. Das mitgeführte Bordwerkzeug und die Ersatzteile kannten wir bereits. Draht, Messer, Hammer, Schraubendreher und Schere. Daß damit eine Lichtmaschine und sogar irgendwelche Elektronikteilchen repariert werden können, glaubten wir nicht. Doch es nützte nichts. Es hieß halt, Zelte auspacken, Tee trinken und schlafen. Das galt für alle – außer die beiden Fahrer. Sie banden sich jeder eine der mitgeführten und sogar mit leistungsfähigen Batterien (Gongor sei Dank) ausgestatteten Stablampen auf den Kopf und begaben sich auf die Abenteuerreise „Fehlersuche“. Für uns, die wir ja alle einen Abenteurerurlaub wollten, war das alles plötzlich nicht mehr so romantisch. Gongor erzählte, daß vor drei Jahren – kurz vor ihrem Abzug – zwei Russen mit ihrem Jeep in einen plötzlich aufkommenden, etwa drei Tage anhaltenden Schneesturm geraten seien. Die Temperatur wäre auf unter dreißig Grad gesunken. Sie hätten, als sie festsaßen, zunächst

den Motor laufen lassen, bis der Diesel ausging, dann den Jeep vom Reifen bis zu den Sitzen verbrannt. Als man sie schließlich fand, waren sie erfroren. Sie lagen zwei Kilometer vor ihrer Kaserne, als sie im Schneesturm steckenblieben. Aber sie wußten es nicht. Mit der Panik kam der Tod. Das ermunterte uns auch nicht gerade.
„Was hättest Du getan?" fragte Ute Haft. „Wäre ein Mongole dabei gewesen, gar nichts wäre passiert", antwortete Gongors Frau Darima gelassen auf die Frage. „Ein Mongole wäre nicht von dem Auto weg-, sondern immer um das eigene Auto gelaufen. Das hält warm, und Schnee zum Trinken war genug da. Länger als zehn Tage hält ein Schneesturm selten an. Dann hätte man sie gesucht und gefunden." „Na, seht Ihr, so einfach ist das", sagte Ellmers.
In dieser Nacht kam uns die Steppe gar nicht so still wie in den vorangegangenen vor. Einige glaubten das dumpfe Dröhnen einer laufenden Tierherde zu hören. Andere wollten lautes Schnauben gehört haben. Unklar wovon. Ich hörte Grillen zirpen und zwar so intensiv, wie noch nie zuvor in meinem Leben. Eines aber war unbestreitbar. Ein beißender Tiergeruch lag in der Luft. Petry und Lehmann debattierten in ihrem Zelt darüber, ob eine in Panik geratene Pferde- oder Langhornrinderherde nur die Zelte mit uns oder auch die beiden Wagen so demolieren würde, daß sie nicht mehr einsatzfähig seien. Das zog sich hin, bis Ellmers, der als einziger schlafen wollte, brüllend dazwischenfuhr. „Das kann Euch doch egal sein, Ihr Idioten", schrie er übermüdet, „wenn sie uns vorher zu Brei gestampft haben, braucht Ihr keine Autos mehr." Wo er recht hat, hat er recht.
Als wir nach einigen Stunden aufwachten, merkten wir, daß zumindest mehrere von uns recht hatten. Die Fahrer montieren noch. Etwa zwei- bis dreihundert Meter entfernt bewegte sich in der Steppe eine Herde von Langhornrindern, dazwischen einige Kamele. Etwa zwei Kilometer von uns entfernt – halbrechts – standen zwei Jurten. Sie hoben sich wie aus einem Bilderbuch von den dahinterliegenden, sonnenüberfluteten, zugleich scharfe Schatten werfenden Hügeln ab. Aus einer stieg Rauch auf. Frau Darima und Ute Haft gingen freiwillig um Tee bitten. „Paß auf die Hunde auf", rief Gongor seiner Frau mehr routinemäßig als besorgt nach. Sie hob ein Messer mit

breiter, scharfer Klinge hoch. „Was glaubst Du, wen Du vor dreißig Jahren geheiratet hast?“ Stolz ging sie weiter. Wie Ute Haft das sah, sagte sie nicht, doch gingen sie gemeinsam durch die Steppe, als könne kein Hund der Welt ihnen Furcht einflößen. Das schien übrigens eine gewisse Berechtigung zu haben. Die Hunde hatten zur Zeit andere Interessen. Fünf bis sechs furchterregend große, aber bemitleidenswerte dürre Köter beobachteten unser Lager. Noch aus respektvoller Entfernung. Sie beachteten die Frauen nicht. Der Weg zu den Jurten war frei. Der beißende Geruch war immer da. Er kam von den Herden und zugleich aus der Steppe. Die Jurtenbesitzer hatten sie wohl noch in ihrer Nähe haben wollen und zusammengetrieben. Der Steppenboden war mit getrocknetem Kuh- und Pferdemist bedeckt. Es roch beißend und übertönte den bitteren Steppengeruch. Kaiser konnte seinen Blick nicht von den Hunden lösen. „Wann werden die zuletzt gefressen haben?“ fragte er Gongor. Der zuckte die Schultern. „Das sind Selbstversorger. Die bekommen nichts.“

Frau Darima und Ute Haft auf dem Weg zu den Jurten (im Hintergrund rechts) nach unserer nächtlichen Panne

Die Frauen hatten die Jurten erreicht. Dort lösten sich zwei Pferde und preschten im wilden Galopp auf unser Lager zu. Erst wenige Meter vor uns erkannten wir auch die dazugehörigen Reiter. Es waren zwei Kinder, tief über den Hals der Pferde gebeugt. Ein Mädchen von vielleicht sieben und ein Junge von höchstens fünf Jahren. Sie ritten ohne Sattel. Ein Wunder, wie sie sich oben hielten. Kurz vor unserem Lager rissen sie die Pferde herum. Aus vollem Galopp standen sie wie gemeißelt – kein Rodeo kann mehr bieten. Mißtrauisch betrachteten die Kleinen uns fremdländische Eindringlinge. Sie ließen sich weder durch Kaugummi noch durch Taschenmesser bestechen, abzusteigen. Die Geschenke nahmen sie zwar – aber als etwas ihnen Zustehendes. Mehr nicht. Doch jeder ist bestechlich, es ist immer nur eine Frage des Preises, soll der Autobauer Henry Ford – oder war es der US-Präsident gleichen Nachnamens? – einmal gesagt haben. Hier war es wieder einmal Petrys Polaroid-Kamera. Das Fotografieren ließen sie noch gleichgültig über sich ergehen. Doch als das Bild herauskam, war der Stolz vergessen. Wie zwei Wiesel glitten sie von den Pferden. Jedes wollte das Bild zur Jurte bringen. Der Streit konnte nur durch ein weiteres Bild verhindert werden. Jetzt posierten die Kleinen gern und von sich aus. Auf die erste Andeutung sprangen sie wie wilde Eichhörnchen auf die Pferde zurück. Doch kaum war das zweite Bild trocken, verwandelten sie sich in eine Staubwolke. Die Kleinen preschten zur Jurte. Die struppigen Pferde hatten es auszubaden. Die Peitschen pfiffen nur so um die Kruppen. Das – obgleich beide ihr bestes bereits gaben. Alle lachten. Nur Gongor nicht. „Die Menschen sind sehr anfällig“, sagte er nachdenklich. „Die Kleinen lassen sich mit einem Bild bestechen. Die Erwachsen werden das nicht tun. Aber letztlich werden es doch wieder Glasperlen sein, die sie demnächst gegen ihr Gold eintauschen.“

Inzwischen kamen Frau Darima und Ute Haft mit zwei riesigen Kannen Tee zurück. Gleichzeitig nahte im leichten Trab ein Reiter. Es war ein relativ junger Mongole. Der Vater der beiden Kleinen. Er kündigt an, Airak zu bringen. Einen Hammel habe er bereits geschlachtet. Gongor dankte herzlich, zog aber die Stirn kraus. „Heute kommen wir hier nicht mehr weg“, meinte er, als unser künftiger Gastgeber sich entfernt hatte, um seine Ankündigung wahr zu machen. „Das wäre nicht höflich." „Spielt aber keine wirkliche Rolle", meint Steffen Kaiser trocken. „Selbst wenn die Fahrer den Nissan wieder flottkriegen sollten. Einige Stunden müssen sie schlafen. Zuvor können wir sowieso nicht weiterfahren. Doch jetzt sieht es nicht so aus, als wäre damit überhaupt zu rechnen." Ein Blick auf die beiden total übermüdeten Fahrer sagte genug. Die auf einer Decke ausgebreiteten Teile und Teilchen erinnerten mich stark an eine Situation, die ich als 10jähriger einmal heraufbeschworen hatte. Damals wollte ich einen Wecker reparieren. Ein von mir verursachter Absturz vom Küchenbuffet hatte ihn das Ticken einstellen lassen. Nach meinen Reparaturversuchen dann für immer. Gongor wechselte mit den beiden Fahrern einige Worte. Sie nickten dankbar. Durstig tranken sie zwei Schalen Tee und legten sich in den Schatten der Autos. Von da an interessierte sie nichts mehr. Der Gastgeber kam jetzt mit zwei Pferden. Das Hand- oder Packpferd trug an jeder Seite eine Kanne. Gongors Augen leuchteten wieder. „Vielleicht werden wir nicht rechtzeitig zum Nadam-Fest in Ulan Bator sein. Die Kumisfläschchen deuten darauf hin. Aber den Empfang der Buchhändler von Ulan Bator für Dich, Jürgen, und Deine Freunde schaffen wir. Wenn nicht, findet er später auch statt. Schade, daß Ihr das Nadam-Fest nicht sehen könnt. Das machen wir dann beim nächsten Besuch." Damit war das Thema erst einmal abgehakt.

Der Jurtenbesitzer stellte die Kannen in den Schatten. Er bedeutete uns, im Halbkreis Platz zunehmen. Seine Aufgabe war damit beendet. Frau Darima und Ute Haft übernahmen freiwillig die Rolle der Hausfrauen. Für die erstere eine selbstverständliche Aufgabe. Für die zweite eine freiwillige Geste. Zugleich aber ein Blick in die Rolle einer Geschlechtsgenossin in diesem Teil der Welt. In der Mongolei – gemessen an anderen Ländern der Region – kommt die Rollenverteilung der Geschlechter der westeuropäischen noch recht nahe. Der Jurtenbesitzer erwies sich als weitgereister, gebildeter Mann. Nach den bereits geschilderten Ritualen erzählte er:

Studiert hatte er in Ungarn einige Semester Geologie. Das Studium mußte er wegen „moralischen Fehlverhaltens" abbrechen. Ein dehnbarer Begriff im Sozialismus. Seinen Andeutungen zufolge hatte ein Verhältnis mit einer farbigen

Studentin aus den damals klassenfeindlichen USA den Ausschlag gegeben. Der mongolischen Studienleitung war das höchst suspekt vorgekommen. „Falls er doch noch einmal Chef des Großen Volkschurals werden sollte, hat er sich damals hoffentlich davon überzeugt, daß Betten und Kleider gewaschen wurden.“, sagte Lehmann – allerdings viel später. Wir sprachen über das Manuskript. Den guten Rat konnten wir ihm damals noch nicht geben. Die Lewinsky-Affäre war noch nicht bekannt.
Ein folgender dreimonatiger Aufenthalt am Leipziger Herderinstitut, erzählte er weiter, brachte ihm bescheidene Grundkenntnisse der deutschen Sprache. Seine Liebe zu multikulturellen Damen blieb. In Leipzig war es – mangels Angebot – keine Dame der USA. Dafür eine indische Moslime. Diesmal war es nicht die eigene Studienleitung, die ihm die Beziehung zur klassenfeindlichen Dame neidete. Die männlichen Kommilitonen der Angebeteten bleuten ihn – als Nichtmoslem – zunächst nur durch. Das half nicht. „Fast hätten sie mich zu einem Wallach gemacht“, sagte er, und die Empörung war nicht zu übersehen. Sie hätten es geschafft, wären ihm nicht deutsche Betreuer beigesprungen. Im letzten Moment – von seinem Angstschrei herbeigerufen. Das machte ihm Deutsche – besonders Leipzig-Deutsche – auf ewig sympathisch. Von ihm erfuhren wir auch, daß die Mongolei im Zweiten Weltkrieg zwar Japan, nicht aber Deutschland den Krieg erklärt habe. Er führte das auf die Verbundenheit beider Völker über Jahrhunderte zurück. Außerdem widerspräche es der mongolischen Ehrauffassung, auf einen einzuschlagen, der – bereits von mehreren anderen bedrängt – am Boden liegt. Daß sich eine solche Haltung irgendwann auszahlt, hätte er am eigenen Leibe erfahren, als Deutsche verhinderten, daß er zum Wallach wurde.
Ob man die Angelegenheit in einen solchen historischen Zusammenhang stellen kann, weiß ich nicht. Ihn hatte das Eingreifen deutscher Betreuer im Internat des Leipziger Herderinstituts zwar davor bewahrt, ein Wallach zu werden. Der von ihm organisierte Rachefeldzug empörter mongolischer Studenten gegen die intoleranten und feigen Moslime kam bei der Institutsleitung aber auch nicht gut an. Unser Gastgeber wurde zurückbeordert. Vielleicht hätte er an der Universität zu Ulan Bator sein Studium ehrenvoll been-

den und eine große politische Karriere einschlagen können. Doch das Schicksal war dagegen. Er nutzte seinen Zwischenaufenthalt in Moskau, um eigenmächtig seinen Urlaub um zehn Tage zu verlängern. „Das brachte den Airak zum Gären", meinte er, „und mich in die Weiten der mongolischen Steppen." Jetzt lebe er zufrieden mit seiner Frau und seinen zwei Kindern in der einen Jurte. Seine Schwester mit Ehemann in der anderen. Sie könnten uns leider nicht ihre Aufwartung machen, da sie in die Aimak-Hauptstadt geritten seien. Sonst wäre er restlos glücklich. Ihm fehle nur ab und an der intelligente Gedankenaustausch mit Leuten aus fernen Ländern. Er danke dem Zufall, der uns vor seine Jurte geführt habe. Seine Ehefrau sei übrigens die schönste Mongolin des Hentii-Aimaks gewesen. Er habe sie gegen härteste Konkurrenz – selbst aus Nachbaraimaks – erobert. Das heiße schon etwas, denn der Hentii-Aimak sei immerhin so groß wie Ungarn – wenn er sich recht erinnere. Wir könnten uns übrigens selbst davon überzeugen. Nur müßten wir uns dann zu seiner Jurte bemühen. Seine Frau erwarte ein neues Kind. Sie dürfe nicht mehr reiten oder weit laufen. Frau Darima und Ute Haft hatten die ganze Zeit eifrig genickt. Steffen Kaiser sprach für alle, als er versicherte, niemand würde seine Worte bezweifeln. Wir könnten uns gut vorstellen, daß er glücklicher sei als ein herumziehender Geologe. „Falls er es nicht doch in der Politik zu Ruhm gebracht hätte", ergänzte Lehmann. Das ging runter wie Öl. Lehmann setzte sogleich noch eines drauf. Er selbst würde ein freies und ungebundenes Leben in der Mongolei seiner täglichen Sklavenarbeit im Verlag vorziehen. Doch da wären seine fünf kleinen Kinder. Die brauchen eben ihren liebenden Vater. Die Damen und der Mongole nickten bestätigend.
Der Airak war sehr gut. Nach einiger Zeit holte unser Gastgeber von der Jurte den in der Kanne gebratenen Hammel und neuen Tee. Gongor weckte die Fahrer. Sie aßen kräftig, tranken Tee und hätten gar zu gern nicht nur vom Airak, sondern auch von unseren restlichen Kornbeständen gekostet. Doch da wurde Gongor prinzipiell. Hier wäre nicht das Nadam-Fest, sondern ein auf das Ende der Reparatur wartendes Auto. Und das sei inzwischen schon recht lange so. Beide ließen die Ohren hängen und machten sich wieder an die Arbeit.

Plötzlich sprang unser Gastgeber auf. Er rief einen seiner großen, dürren Hunde heran. Der hatte sich mit einem Tier im Maul aus der Steppe kommend an uns in Richtung Jurte vorbeischleichen wollen. Er zögerte ein wenig. Wahrscheinlich überlegte er, ob er dem Befehl seines Herren folgen sollte. Mit der Beute weiterlaufen war recht verlockend. Ein zweiter, sehr viel leiserer, dafür aber schärferer Ruf mit einem kaum mißzuverstehenden Unterton beseitigte bei dem Hund alle Zweifel. Er kam langsam, mit eingezogenem Schwanz heran und legte das Tier vor seinem Herren auf den Boden. Es war ein junges, vielleicht drei bis vier Monate altes Murmeltier. Es hatte noch nicht die hellbraune Farbe ausgewachsener Tiere. Das Fell war grau, struppig und weich. Unser Gastgeber lobte den Hund. „Er ist ein guter Jäger. Er bringt alles nach Hause. Heute darf er das Murmeltier selbst fressen, weil wir einen Hammel

Der Murmeltierfänger, noch halb im Winterfell

geschlachtet haben." Der Hund schien zu verstehen, nahm das Murmel wieder auf und verschwand in großen Sprüngen in einer Senke. Vor seinem Herren hatte er es gerettet. Jetzt kam für ihn offensichtlich der weit schwierigere Part. Er mußte die Beute vor seinen Artgenossen schützen. Da waren seine Chancen in Jurtennähe besser. Zumindest dann, wenn sein Herr nicht mit hergelaufenen Europäern Airak trank. Wer sollte darauf achten, daß er, der Jäger, sie, die Beute, auch in Ruhe genießen konnte, wenn nicht der Herr. Diese Hundeüberlegungen schienen richtig zu sein, denn es dauerte nur Augenblicke, bis die anderen großen, dürren Köter ihrem erfolgreichen Artgenossen mit ähnlich großer Geschwindigkeit in die Senke folgten.

Womit niemand von uns mehr ernsthaft gerechnet hatte, trat dann doch ein. Gegen drei Uhr morgens sprang der Nissan plötzlich an. Wie das mit Hammer, Schraubendreher und Draht möglich geworden war, werden wir nie verstehen. Die Fahrer forderten nun, stolz auf das Geleistete, ihren Anteil am Airak. Den bekamen sie, wenn er auch sehr viel kleiner ausfiel, als sie erwartet hatten. Gongor war erfahren, der Weg lang, und die Kondition der Fahrer hatte gelitten. Sie mußten schlafen und wir – sehr zum Leidwesen unseres Gastgebers – auch. Bevor er sich verabschiedete, fragte er Gongor ein wenig verlegen, zu wem denn die junge Dame (gemeint war Ute Haft) gehöre. Gongor sagte ihm, daß sie eine selbständige Reiseteilnehmerin wäre. Daraufhin meinte er – noch verlegener – daß sie ihn schon interessieren würde. Natürlich nicht für sich selbst. Das würde seine Frau nie dulden. Er habe da aber einen Verwandten. Nicht weit von hier, etwa 800 Kilometer, und der suche eine interessante junge Frau. Zur Not auch eine Europäerin. Eine, wie wir sie da mit uns führten, wäre angenehm. Gongor solle sie doch bitte fragen – aber erst, wenn er weg sei. Sagte es, sprang aufs Pferd und verschwand. Gongor übersetzte das Gesagte zwar, aber erst am nächsten Tag. Wir waren schon, fröhlich verabschiedet, Stunden von unserem vielseitigen Gastgeber entfernt. „Jetzt hast Du mir sozusagen die Chance meines Lebens verpatzt. Hättest Du es gleich übersetzt, wäre ich sicher geblieben", sagte Ute. Das Angebot, sofort umzukehren, nahm sie aber nicht an.

Plötzlich ließ Gongor halten. „Ich wollte, daß Ihr unbedingt den Geburtsort unseres Führers Dschingis Khan – 'Deluun Boldog' – sehen solltet. Wir müßten jetzt hier abbiegen. Es ist nicht sehr weit." „Wie weit ist es denn?" fragte ich. „Genau weiß ich es nicht. Die Fahrer sagen aber, ein Umweg von etwa ein und einem halben Tag." Das sei nicht schlimm, aber das Nadam-Fest wäre dann vorbei, meinte er.

„Wenn wir jetzt weiterfahren, wird das Nadam-Fest noch im Gange sein?" fragte Ellmers. „Es wird. Das ist sicher", antwortete Gongor. Und Lehmann brummelte: „Sicher wie Eure Nissan-Reifen." Aber das hörte zum Glück nur ich.

„Dann fahren wir weiter", entschied Petry, bevor eine Debatte darüber überhaupt in Gang kommen konnte. „Gut. Aber, wenn Ihr das nächste Mal kommt, dann fahren wir nach 'Deluun Boldog'." „Versprochen!" Das war Ellmers und alle nickten, nur – das gebe ich jetzt zu – ich nicht.

Gongors für das Nadam-Fest gegebene Garantieerklärung wäre beinahe noch gestürzt worden. Zumindest was Ulan Bator betrifft. Und das kam so:

Ungefähr 100 Kilometer vor Ulan Bator, bereits im Zentral-Aimak, liegt die Somonhauptstadt Nuurst. Dort mußte aufgetankt werden. Das allerdings erwies sich als nicht sehr einfach. Die Bewohner des Somons feierten in ihrer Hauptstadt das Nadam-Fest – wie überall im Land. Wer sollte da Zeit haben, die Tankanlage zu bedienen. Doch tanken mußte sein – und das ging nicht ohne Tankwart. Also machten sich Gongor, Frau Darima und die beiden Fahrer auf, den ihnen nicht bekannten Tankwart zu suchen. Auf den ersten Blick war das nicht schwer, denn die Somonhauptstadt bestand aus zwei Dutzend Jurten und noch weniger Häusern. Doch es war Nationalfeiertag und Nadam-Fest. Die Araten der näheren und weiteren Umgebung waren mit Frau, Kindern und Pferden in die Hauptstadt gekommen, um zu feiern. Der sonst sicher sehr beschauliche Ort hatte sich in einen Bienenschwarm verwandelt. Jugendliche preschten auf ihren Pferden kreuz und quer. Man mußte höllisch aufpassen. Stände mit ekelhaft klebrig-süßer Cola und anderen, meist amerikanischen Errungenschaften waren umlagert. Auf einer abgesteckten Strecke schien man die Reiter des mörderischen 30-Kilometer-Rennens zu erwarten. Die Spannung war überall zu spüren.

In dieser spannungsfrohen und gelösten Feierstimmung war es sicher schwer, den Tankstellenverantwortlichen zu finden. Ihn zu bewegen, auf den Ausgang des Ringens, Bogenschießens oder gar des Pferderennens zu verzichten, war eine Zumutung. Ein paar – aus Sicht der Araten – faule Stadtmongolen konnten warten. Benzin gibt es immer. Nadam war nur einmal. Das schien Gongor nicht nur zu ahnen, sondern irgendwie auch zu verstehen. Er richtete sich auf eine längere und wenig preiswerte Aktion ein. Wir sollten das Fest genießen. Später würden wir uns schon wieder hier treffen, meine er. Und so geschah es auch.

Ute Haft, Lehmann, Petry, Gongors Enkel Mischeel und ich wollten uns das mongolische Ringen in einem wenige Meter entfernten Stadion ansehen. Ellmers zog es zum Pferderennen, und Steffen Kaiser wollte sich lieber an der Suche nach dem Tankwart beteiligen. Er blieb im Auto sitzen. Seitdem der Fahrer des Nissan Kaisers mehrfache Hinweise auf die brennende Ladekontrollampe schnöde mißachtete und bis zum „Aus" weitergefahren war, mißtraute er ihm. Er wollte ihn nicht mehr aus den Augen lassen.

Wir gingen zur Bretterwand des Stadions. Warum dieser Platz mit einer Bretterwand umzäunt worden war, konnte ich mir nicht erklären. Jedes dritte Brett fehlte. Die Wettkämpfe konnten von außen genauso gut verfolgt werden wie von den Sitzbänken der Ehrentribüne. Doch kaum hatten wir uns ein wenig orientiert, kam eine hübsche Mongolin. Sie redete freundlich, aber energisch auf uns ein. Mischeel übersetzte. „Wir sollen nicht von außen zusehen. Der Herr Vorsitzende möchte uns begrüßen." Eigentlich wollten wir nur herumschlendern, doch wäre es unhöflich gewesen, die Einladung des Herrn Vorsitzenden abzulehnen. Immerhin hatte er den gleichen Rang wir unser Herr „Gouverneur". Also alle rein ins Stadion. Eintritt verlangte niemand. Der Herr Vorsitzende saß mit den Honoratioren der Somonhauptstadt unter einem Sonnendach. Er unterbrach seine von kritischen Bemerkungen und Gesten begleitete Beobachtung der Ringkämpfer. Wir sollten Platz nehmen, sagte er und musterte uns neugierig. Die Honoratioren rückten zusammen. Eine Gruppe Kinder, die sicher in ihrem kurzen Leben noch nie so viele Europäer gesehen hatte, starrte uns an. Näher kamen sie nicht. Erst Petrys Pola-

roid-Kamera und eine große Tüte Kaugummi und Schokoladenriegel lockerten die Atmosphäre auf. Der Herr Vorsitzende bot uns Airak an. Er erklärte dem tapfer und stolz übersetzenden Mischeel, daß in seinem Somon der beste Airak der Mongolei hergestellt würde. Lehmann sagte, ohne eine Miene zu verziehen, auf russisch, daß wir davon bereits an der chinesischen Grenze gehört und den Umweg hierher gerade deshalb nicht gescheut hätten. Das war ein Fehler. Mischeels Deutsch war zwar recht gut. Doch der Vorsitzende wollte seinen Wählern selbst zeigen, was ihr Chef konnte. Er umarmte Lehmann und ließ nachschenken. Den Honoratioren erklärte er, daß wir durchreisende Russen seien. Mischeel, den Tränen nahe, protestierte energisch. Es nützte nichts. Mischeel sollte spielen gehen. Er – der Vorsitzende – würde jetzt die Unterhaltung in russischer Sprache allein führen und für seine mongolischen Freunde übersetzen. Der seiner Starrolle beraubte, enttäuschte Mischeel protestierte immer wieder. Wir seien keine Russen, sondern Deutsche. Der dicke Onkel hätte doch bemerken müssen, daß er deutsch übersetzt habe. Der Herr Vorsitzende reagierte wie ein deutscher patriarchalischer Familienvater und hörte nicht zu. Mischeel erntete auch noch das schadenfreudige Gelächter seiner ungerührten ortsansässigen Altersgenossen. Ute Haft mußte ihre ganze Überzeugungskraft aufbringen, damit er sich nicht wütend auf sie stürzte. Wie das ausgegangen wäre, war leicht zu erraten.
Von nun an wurde das Gespräch ausschließlich durch den Herrn Vorsitzenden und Lehmann bestritten. Übersetzt wurden nur noch Brocken. Die von uns nicht nachvollziehbare Unterhaltung unterbrachen beide nur durch fröhliches Gelächter, gegenseitiges Schulterklopfen und Trinksprüche. Hinterher sagte Lehmann, daß der Herr Vorsitzende, wenn überhaupt, dann nur ein lückenhaftes „Randrussisch“ gesprochen und er – Lehmann – den Sinn des Gesagten erraten habe.
Doch auch der „beste Airak“ der Mongolei geht einmal zu Ende. Zumal, wenn ihm so zugesetzt wird, wie wir das taten. Plötzlich stand Gongor vor uns und erklärte betrübt, daß sie den Tankwart leider nicht gefunden hätten. Der Herr Vorsitzende wollte wissen, was für ein Problem er lösen solle. Gongor erklärte, daß wir Benzol brauchten. Der Tankwart habe aber nicht gefunden

werden können. Der Herr Vorsitzende winkte ab. Kein Problem. Man würde uns ein paar Jurten aufbauen. Wir sollten das Fest mit ihnen feiern. Nach drei Tagen könnten wir dann mit genügend Benzol die Weiterreise antreten. Inzwischen aber sei es ihm eine Ehre, uns als Gäste betrachten zu dürfen. Gongor versicherte, daß er selbst und seine Begleiter sich nichts schöneres vorstellen könnten. Doch leider würde das Flugzeug seiner Freunde bereits morgen früh fliegen. „Und ein anderes geht nicht?" fragt der Herr Vorsitzende. „Nein", antwortet Gongor vollkommen überzeugend, „ein anderes geht nicht." Er und seine Gäste wären nur auf die Hilfe des Herrn Vorsitzenden angewiesen. Doch sei da wohl sogar er – der Herr Vorsitzende – überfordert. Der holte tief Luft und stieß sie sofort wieder aus. Was für ein Problem, das er nicht lösen könne, sollte das heißen. Er beugte sich zu einem der Honoratioren hinüber. Zu uns gewandt sagte er, auf den Angesprochenen weisend, dies sei der Direktor der Tankstelle. Der würde jetzt mit uns gehen, und in wenigen Minuten könnten wir starten. Die Verabschiedung war herzlich.
Die Tankstelle erwies sich als eine 5-Liter-Handpumpe. Bis kurz nach dem Krieg gab es in Deutschland in kleinen Dorftankstellen ähnliche. Die hier war von russischer Bauart. Sie konnte nur volle fünf Liter abgeben. Die Pumpe jedenfalls war auf den Herrn Direktor programmiert. Aller paar Minuten setzte sie aus, wurde aber sofort von ihm mit wohlgezielten Faust- und Fußstößen zum Laufen gebracht. Dort, wo jeder Ingenieur versagt hätte, war der Direktor der Tankstelle genau auf dem richtigen Platz. Es dauerte seine Zeit, dann verließen wir den gastfreundlichen Ort.
Alle waren müde. Das Schaukeln tat sein übriges. Bald schliefen alle. Als wir nach und nach erwachten, befanden wir uns bereits im Weichbild der mongolischen Hauptstadt Ulan Bator.
Im Zentrum liegt der Suche-Bator-Platz. Früher wurde er vom Gebäude des Zentralkomitees der Mongolischen Revolutionären Volkspartei dominiert. Heute ist dort unter anderem das Finanzministerium untergebracht. Das Mausoleum davor gleicht dem Moskauer, nur etwas kleiner mußte es sein. Denn darin liegt nicht der wahre Chef der Bewegung, Wladimir Iljitsch, sondern „nur" sein mongolischer Kollege Suche Baator. In einer Seitenstraße

steht das Gästehaus der Stadt. Dort hatte Gongor für uns Zimmer reserviert. Das Gästehaus war frisch saniert. Es entsprach in jeder Beziehung dem europäischen Standard. Wir vereinbarten, einige Stunden zu schlafen und anschließend zu duschen. Dann wollten wir uns in das Nadam-Fest stürzen.

Tankstelle in Nuurst. Gongors Enkel Micheel und sein Faktotum Zolmon.

## Ulan Bator

Uralt und relativ bekannt ist die mongolische Geschichte. Nicht so die der Hauptstadt des Landes. Der Einiger der mongolischen Stämme, Nationalheld und Schreckensbild Europas – Dschingis Khan –, legte zum ersten Mal in den Jahren nach 1206 – wahrscheinlich aber erst um 1220 – eine Hauptstadt an. Sie wurde Karakorum genannt. Möglicherweise stand sie bei der heutigen Stadt Erdenit. Gefangene Handwerker, die die Mongolen von ihren Feldzügen aus aller Herren Länder mitgebracht hatten, errichteten Holzhäuser, Befestigungsanlagen und einen Handelsplatz. Die Mongolen stellten zunehmend auch selbst Waren her. Nachdem die Mongolen Weltmacht geworden waren, entstand auch das Bedürfnis nach einem festen zentralen Platz. Einer Hauptstadt. Botschafter mußten empfangen werden. Beziehungen zu fremden Staaten brauchten einen festgelegten Ort. Solange die Mongolen in zahl-

Suche Bator-Platz in Ulan-Bator, im Vordergrund das Mausoleum

lose Clans, in umherziehende Stämme zerfallen waren, gab es dieses Bedürfnis nicht. Man wechselte den Standort mit den Jahreszeiten, mit dem Klima und der davon abhängigen Vegetation. Auch infolge von Siegen oder Niederlagen in den zahllosen Kriegen. Der Satz des chinesischen Berater Dschingis Khans, man könne den Erdkreis aus dem Sattel erobern, aber nicht aus dem Sattel regieren, legte den Bau einer Hauptstadt nahe.
Irgendwann um das Jahr 1280 muß Karakorum von den in China herrschenden Mongolenclans zerstört worden sein. Eine neue Hauptstadt wurde angelegt. An den Ausläufen des südlichen Chentijgebirges, wahrscheinlich am Fuße des 2257 Meter hohen Tseteg Uul, am Fluß Tuul. Dort liegt heute Ulan Bator. Zunächst wurde die Stadt nur zeitweilig als zentraler Platz genutzt. Zeitweilig, weil auch der „Herr des Erdkreises“ und seine Nachfolger dem Gras nicht befehlen konnten, ganzjährig zu wachsen. Die Abhängigkeit der Nomaden von der Vegetation, vom nachwachsenden Futter für die Tiere, galt auch für die Hauptstadt. Das zwang zum Standortwechsel, wenn das Fleisch knapp wurde. Nur weil man jetzt eine Hauptstadt hatte, wurde kein Mongole zum Vegetarier. Auch die Zahl der Menschen an diesem zentralen Platz durfte nicht ausufern. Urga hieß die zweite Hauptstadt, soweit heute bekannt ist. Der Name bedeutete soviel wie „Palastjurte“ und bedarf eigentlich keiner Erklärung. Wo sie ganz genau lag, ist nicht mehr bekannt. Einiges spricht jedoch für die Nähe des heutigen Standortes. Da wäre zunächst der ganzjährig Wasser führende Fluß Tuul, der Schutz vor den Steppenstürmen durch die Bergketten, die futterreichen Weiden, die nach Norden hin riesigen Holzvorkommen und nicht zuletzt die gute strategische Lage.
Mit der Bekehrung der Mongolen zum sich von Tibet ausbreitenden Lamaismus wurde in Urga das Hauptkloster errichtet. Es ist auch heute noch eines der Zentren des Weltlamaismus. Zunächst war Urga nichts anderes als eine Nomadenstadt. Mindestens zwanzig Mal wurde der Standort um einige Kilometer verschoben. Neben den geschilderten Versorgungsproblemen gab es zumindest einen weiteren objektiven Grund. Die nicht zu bewältigenden Umweltlasten. Die Erde durfte nicht verletzt werden. Der Abfall blieb dort liegen, wo er gerade lag. Gestank und Krankheitserreger begrenzten die Zeit,

in der die Stadt als Wohnsiedlung dienen konnte. Bei der Verlegung wechselte sie auch ihren Namen. Der wurde aber stets mit dem Kloster (Churee) verbunden. Nigstel Churee, Da Churee und so weiter. Für die Welt außerhalb der Mongolei behielt die Stadt ihren Namen Urga – bis 1924. In diesem Jahr verlieh man ihr den Namen „Stadt des roten Recken" – Ulan Baataar auf mongolisch.
Heute soll Ulan Bator (die eingedeutschte Schreibweise) 600.000 Einwohner haben. Ganz genau weiß das niemand. Die Mehrzahl der Einwohner lebt auch heute in Jurten. Zwar sind diese genauso registriert wie Häuser. An das Strom- und Wassernetz angeschlossen sind sie auch. Doch die tiefgreifenden gesellschaftlichen Veränderungen im Land begünstigen den unkontrollierten Zustrom von Menschen aus dem Landesinneren. Hier tickt eine der Zeitbomben bereits.

Jurtensiedlung in Ulan-Bator

Es gibt wahrscheinlich kein Land, in dem der Unterschied zwischen der Hauptstadt des Landes und dem Land selbst tiefgreifender ist als in der Mongolei. Ulan Bator ist sicher nicht die schönste, wohl aber eine moderne Stadt im europäischen Sinne. Es gibt eine Universität, Buchhandlungen, Verlage, Bibliotheken, Museen, Theater, klimatisierte Hotels, interessante Parkanlagen, Nachtbars, Stadien und einen Zirkus. Die Stadtarchitektur entspricht zwar nicht dem Schönheitsideal europäischer Baumeister, doch es gibt eine. Ulan Bator ist unverwechselbar. Auf eine besondere Art schön und erlebbar. Die Ansichten über Plattenbauten, Verkehrssysteme und Gaststättenkultur sind auf der Welt unterschiedlich. Doch das an Kultur, was Ulan Bator unbestritten hat, hat das Land nicht. Und das ist es, was diese Stadt für die Jugend des Landes so anziehend wie ein Magnet werden läßt. Da wachsen Probleme, die nicht nur in der Mongolei schwer zu bewältigen sind.

Theater von Ulan-Bator

Im Juli 1921 befreiten Suche Bator und Tschoibalsan, unterstützt von der Roten Reiterarmee des legendären Tschapajew, die Stadt Urga. Die Truppen des in weißrussischen Diensten stehenden Abenteurers, des Balten Ungern-Sternberg, wurden vertrieben oder liquidiert. Außer dem Palast des Bogdan und einer Reihe von Klöstern war danach nicht mehr viel übrig. Den Rest besorgten dann die Befreier. 1923 starb der als gemäßigt geltende Suche Bator, 1924 der letzte Gottkaiser, der Bogdan. Danach setzten die Säuberungen ein. Zuerst fielen die Mönche Tschoibalsans „Aufbauarbeit" zum Opfer. 40 % der männlichen Bevölkerung hatten um 1920 der Mönchskaste angehört. Für ein Nomadenvolk von 800.000 Einwohnern eine sicher hohe Zahl. Doch wer will das heute beurteilen. Ein Volk, das als zweites der Welt zum „großen Sprung" – vom Feudalismus zum Sozialismus – ansetzte, hatte sicher andere Sorgen. Es herrschten bitterste Armut und Krankheiten. Von der chronischen Syphilis bis zur regelmäßigen Wiederkehr der Pest gab es alles. Das Analphabetentum außerhalb der Klostermauern betrug fast 100 %. Handwerk und Produktionsmöglichkeiten für Konsumgüter jeder Art gab es nicht oder nicht mehr. Bei den mit Unwissenheit Belasteten fielen „Sofortlösungsprogramme" auf fruchtbaren Boden. Am Anfang galt das Prinzip „Umerziehung". Doch das brauchte Geduld. Das aber war ein Reizwort für Revolutionäre. Die schnell notwendigen, aber zunächst ausbleibenden Erfolge erforderten andere Lösungen. Aburteilungen der Mönche als „Volksschädlinge" war eine davon. Denunziationen, zum Beispiel als „japanische Kollaborateure" oder als „Träger der Syphilis", eine andere. Beschleunigt wurden Veränderungen so auch nicht. Doch der Zorn des Volkes wurde in die gewünschte Richtung gelenkt. 1938 jedenfalls war der Problemkomplex „Mönche, Syphilis, Religion, Kulakentum" gelöst. Von den ersten waren nur noch wenige am Leben. Kaum eine Handvoll davon arbeitete noch als Lama. Fast alle Klöster waren zerstört. Die Träger der Syphilis und des Wissens vernichtet. Die Klosterschulen geschlossen. Die Kulaken waren vertrieben.
1939 führte die Mongolei ihren ersten modernen Krieg gegen die von der Mandschurei aus eingedrungenen Japaner. In der Schlacht am Chalchyngol wurden diese durch die Mongolische Volksarmee und sowjetische Truppen

vernichtend geschlagen. Der spätere Befreier von Leningrad und Eroberer Berlins, Marschall Shukow, erwarb als Oberbefehlshaber hier seinen ersten Kriegsruhm. Der schlaue Georgier Dshugaschwili (Stalin) erkannte den Wert der riesigen Landmasse Mongolei für künftige Auseinandersetzungen mit noch nicht zu nennenden Gegnern. Das brachte die Wende.

Für die Mongolische Revolutionäre Volkspartei und den Großen Volkschural gab es im Jahre 1940 eine Überraschung. Der unbekannte, gerade 24jährige Jumdshagiin Zedenbal (geboren am 17. September 1916) wurde zum Generalsekretär der Volkspartei „gewählt". Einstimmig. Mitglied der Partei war er erst ein Jahr zuvor geworden. Ein bemerkenswert schneller Aufstieg. Formal hatte er die gleiche Funktion wie sein Moskauer Gönner. Nur mit der Machtfülle war er nicht ganz so ausgestattet. Später ernannte er sich selbst noch zum Regierungschef und danach auch noch zum „Marschall der Mongolei". Doch das waren mehr Titel als reale Machtpositionen. Stalin vertraute dem jungen, unerfahrenen und ihn zunächst blind verehrenden Jumdshagiin. Seine Nachfolger taten es auch. Doch Väterchen hatte auch an den südlichen Nachbarn und dessen Verbindungen gedacht. Seinem gehorsamen Zögling legte er zwei Fesseln an, von denen dieser sich in immerhin 48 Jahren Herrschaft (1940-1988) nicht ganz befreien konnte. Dies ist insofern bemerkenswert, weil sie lang währte und wohl nur von der Ludwigs XIV. (1643-1715) und der Kaiser Franz-Josefs (1848-1916) übertroffen wurde. Die beiden Monarchen starben übrigens im Amt. Jumdshagiin mußte nach 48 Jahren noch einmal ins Exil.

Die beiden Fesseln waren so eine Art Geschenk. Zuerst schenkte die Sowjetunion ihm einen Palast. Nicht übertrieben groß. Nicht provozierend kostbar. Aber dennoch nicht zu vergleichen mit einer dem Chef eines Nomadenvolkes eher zustehenden Ehrenjurte. Der steinerne Palast sollte zugleich den Blick in die Zukunft weisen. Die Stadt aus Stein. Da die Schenkenden die Armut des beschenkten Volkes kannten, sparte man. Zuerst am zu erschließenden Boden. Der Palast wurde aus „Sparsamkeitsgründen" gleich auf dem Gelände der sowjetischen Botschaft errichtet. Beide zusammen wurden von einer Mauer umgeben. Diese war bescheiden – gemessen an der „Großen" im Süden des angrenzenden Landes. Sie war auch nicht provozierend, wie der später zu errichtende „Schutzwall" im Westen Europas. Doch um den Partei- und Staatschef vor unliebsamen Besuchern zu schützen, genügte sie vollkommen. Er selbst konnte jederzeit Kontakt zum Volk der Mongolen aufnehmen. Vorausgesetzt, der sowjetische Sicherheitschef für den Gesamtkomplex hatte keine Bedenken.

Das zweite Geschenk war etwas pikanter. Jumdshagiin erhielt eine bildschöne wie junge und kluge Moskauerin zur Ehefrau. Zuvor hatte sie einige weibliche Hauptrollen in zauberhaften sowjetischen Märchenfilmen gespielt. Damit hatte sie Millionen Herzen kleiner Igors und Serjoschas erobert. Auch das des kleinen Jumdshagiin war nicht aus Stein. Eines Tages erhielt sie dann von „Volksregisseur Berija" (Minister für Staatssicherheit der Sowjetunion, nach Stalins Tod von Chruschtschow gestürzt, danach erschossen.) die Rolle ihres Lebens. Verbürgt ist das aber nicht. Überhaupt wurde das Thema in der Mongolei nur inoffiziell berührt. Wahrscheinlich erprobte der bereits erwähnte Volkskommissar für Staatssicherheit an Jumdshagiin Zedenbal zum ersten Mal die Haltbarkeit zarter Fesseln. Als sie sich an ihm so wunderbar bewährt hatte, wurde die Ehe mit einer Sowjetbürgerin Voraussetzung für den Karrieresprung in der Mongolei. In Ausnahmefällen wurde später als Alternativlösung auch eine deutsche Ehefrau akzeptiert. Vorausgesetzt allerdings, sie kam aus der DDR, und die Karriere des so begünstigten Kandidaten blieb auf den Gebieten, die die DDR als ihre Domäne betrachten durfte. Zum Beispiel die Kultur. Da konnte man es unter günstigen Umständen auch bis zum Minister bringen. (Der letzte Vorwende-Kulturminister Borondai ist mit einer Chemnitzerin verheiratet.)

Jumdshagiin Zedenbal fand, als er 1940 mit seiner Frau die Geschicke seines Heimatlandes in die Hände nahm, Armut, Hoffnungslosigkeit, Demoralisierung und vor allem Angst vor. Das Chaos war nicht mehr zu steigern. Es war das Chaos selbst. Und dann, wie im Märchenfilm, das Wunder. Mit dem Namen des Mannes ist eine vielleicht einmalige Entwicklung verbunden. Die Volksseuchen Syphilis und Pest gab es kurz danach nicht mehr. Das Gesundheitswesen wurde vorbildlich. Der Analphabetismus war bald landesweit be-

seitigt. Die Lebenserwartung der Bevölkerung verdoppelte sich von 35 Jahren auf 70 Jahre. Im Land galt die allgemeine Schulpflicht. Es gab Hochschulen und eine Universität. Theater, Kaufhäuser, Hotels. Neben Ulan Bator entstanden noch zwei Großstädte. Eine funktionierende Verwaltung und Infrastruktur wurde aufgebaut. Es entstanden Städte aus Stein. Hunger kannte man schon lange nicht mehr. Ulan Bator – einst ein zeitweiliger Jurtensammelplatz um ein Kloster – wurde eine moderne Stadt mit Kraftwerken, Brauereien und Industriearbeitsplätzen wie andere Hauptstädte auch. War das alles genug? Ob der hinter einer hohen Mauer mehr oder weniger Gefangene mehr hätte durchsetzen oder seinen „Freunden“ abtrotzen können? Ich weiß es nicht. Vielleicht aber wird man bald merken, wieviel es wirklich war. Dann wird man gerechter über ihn und seine Zeit denken lernen. Zur Wendezeit erzählten sich seine akademisch gebildeten Landsleute eine Anekdote: In den ersten Jahren seiner Regierung hätte ihm „Wassilissa“ das Töpfchen nachgetragen. Er sei noch nicht stubenrein gewesen.
Heute erzählen sie keine Anekdoten mehr.

Die Bundesrepublik Deutschland hat sich wenig für das ferne Land Mongolei interessiert. Kein Land, das dem Bundesbürger ferner liegt. Vielleicht ist das eine Chance der Mongolei. In den zwanziger Jahren gab es in der freien Schulgemeinde Wickersdorf eine größere Klasse mongolischer Schüler. Ob mehr, kann ich nicht sagen.
Anders die DDR. Jeder dritte Auslandsstudent der Mongolei studierte in deren Universitäten. Zwei Großbetriebe wurden von der DDR geliefert und betreut: das Porzellanwerk und die Teppichfabrik. Hilfe zur Selbsthilfe hätte es sein sollen. Das war es nicht immer. Hochhäuser passen nicht ins Weltbild der Steppenaraten. Sie zu bewohnen ist erlernbar. Sie zu reparieren nicht. Statt Energie fressender, nicht privatisierbarer Kombinate hätten es kleinere mittelständische Unternehmen auch getan. Doch mit kleinen Einheiten entsteht keine Arbeiterklasse. So glaubten die Helfer. Die gibt es jetzt in Ulan Bator. Richtiger eine Klasse von Arbeitslosen. Jetzt rosten die Kolosse vor sich hin. Und die neu geschaffene Arbeiterklasse ohne Arbeit? Wer weiß? Aber tun wird

man etwas müssen, soll das Land nicht in Anarchie oder zurück in den Sozialismus fallen.

## Das Nadam-Fest

Wohl in keinem Land der Welt wird der Nationalfeiertag mit einer so einheitlichen Anteilnahme begangen wie das Nadam-Fest in der Mongolei. Eigentlich besteht es nur aus drei Sportarten – aber die haben es in sich.

Das Fest beginnt mit den Ringkämpfen. Am 11. Juli eröffnet der Staatspräsident im Stadion von Ulan Bator feierlich die Zeremonie. Diesen Endkämpfen sind bereits zahllose Ausscheidungskämpfe im ganzen Land vorangegangen. Jetzt stellen sich die 512 Besten ihren Gegnern. Warum 512? Das liegt

Das Nadam-Fest: Ringen

irgendwo in der Tradition begründet. Ich konnte es jedenfalls nicht ermitteln. Der mongolische Ringkampf ist eine Mischung aus Kampf und Theater. Die Bekleidung der Ringer unterliegt festen Regeln. Sie tragen die weichen Stiefel der mongolischen Nationaltracht mit nach oben gebogenen Spitzen. Dazu ein bescheiden wirkendes Höschen aus Seide. Es betont den Körper des Ringers. Und das bei den öffentlich zur Prüderie neigenden Mongolen. Die Brust ist frei. Der Rücken und die Oberarme werden durch ein Jäckchen verdeckt. Letzteres gibt dem Ringer die Möglichkeit, den Gegner zu packen. Das wäre wegen der schweißfeuchten Haut sonst kaum möglich.

Zunächst haben aber nicht die Ringer, sondern die Trainer ihren Part. Der des Herausforderers preist in Versen die Kraft und Geschicklichkeit, die Siege und Titel seines Schützlings. Den Gegner macht er lächerlich. Das muß in selbst gesetzten Versen, in einem vorgegebenen Rhythmus und in einer festgelegten Zeit geschehen. Dieses Herausforderungsritual entscheidet nicht über Sieg oder Niederlage. Es beeinflußt aber die Sympathie des Publikums. Der Trainer des Gegners erhält dann die Chance der Gegendarstellung. Deshalb ist der Trainer wichtig für den Aufstieg eines Ringers. Er ist nicht nur Trainer. Er ist Manager und Publik-Relation-Chef seines Favoriten. Er muß dichten können, witzig und sprachbegabt sein.

Der kräfteraubende Kampf selbst ist eher langweilig. Die Ringer stehen einander gegenüber, legen die Hände auf die Schultern des Gegners und versuchen, ihn in die Knie zu drücken oder umzuwerfen. Für den europäischen Zuschauer ist das wenig attraktiv. Das scheinbar ruhige Stehen kann über eine halbe Stunde dauern. Dann lassen die Kräfte des einen nach, und im selben Augenblick wirft ihn der Gegner zu Boden. Gewonnen hat, wer den Gegner mit Ellenbogen, Knie oder Kopf auf den Boden zwingt. Das mongolische Ringen ist nicht nur ein Kampf der Muskeln, sondern auch einer des Kopfes. Wer den Gegner psychologisch beherrscht, der gewinnt.

Jeder Ringer hat auch einen Sekundanten. Beide sind zugleich Schiedsrichter. Der Sieger vollführt den „Adlertanz“. Er schwenkt die Arme wie ein Adler im Flug. Gekämpft wird nach dem K.O.-System in neun Runden. Die Stärksten werden so nicht im Kampf mit zweitklassigen Gegnern verschlissen, was sie natürlich bevorteilt. Wer fünf Gegner besiegt ist ein „Falke“, nach sieben Siegen wird der „Falke“ zum „Elefanten“ und wer neun Siege errungen hat, wird Turniersieger und erhält den Ehrentitel „Löwe“. Die „Löwen“ kennt jeder Mongole. Die Ringer sind bekannter als in Europa die Fußballstars. Nur bezahlt werden sie nicht so hoch. Noch nicht.

Das Bogenschießen ist der zweite mongolische Nationalsport. Geschossen wird auf eine Entfernung von 75 Metern. Daran können auch Frauen teilnehmen. Hier kämpft nicht jeder gegen jeden, sondern es müssen bestimmte Ziele mit einer begrenzten Zahl von Pfeilen getroffen werden. Wer das schafft, erhält den Titel „der Treffsichere“.

Hauptattraktion ist aber das Pferderennen. Daran nehmen ausschließlich Kinder teil. Mindestalter ist fünf, Höchstalter etwa zwölf Jahre – doch die Mogelgrenze liegt niedriger. Feste Regeln gibt es nicht. Die Reiter können mit und ohne Sattel reiten. Sie dürfen die Peitsche benutzen, wann immer sie es

Das Nadam-Fest: Interessierte Zuschauer

Der künftige Sieger beim Nadam-Fest. Das Pferd läuft nur noch in Trance. Jeder Sturz endet tödlich.

wollen. Auch das Tempo ist nicht vorgeschrieben. Das teilnehmende Kind muß in der Lage sein, die Kraft des Pferdes einzuteilen, damit es nicht vorzeitig ermüdet. Es gibt Rennen der Stuten, der Jungpferde (Zweijährige), der Wallache. Sie alle laufen kürzere Strecken. Das Rennen über 30 Kilometer gestalten die Hengste unter sich. Diese werden über Generationen gezüchtet. Abkommen von Nadam-Siegern sind kaum bezahlbar. Jahrelang wurden sie auf diesen Tag vorbereitet. Trainer ist fast immer der Viehzüchter selbst. Oft hat er das Pferd schon vor der Geburt des künftigen Reiters oder der Reiterin zu trainieren begonnen. Die Teilnehmer legen oft über 1000 Kilometer zurück und auch das ist Bestandteil der Vorbereitung. Die Pferde müssen ausgewogen belastet werden. Sie dürfen nicht zu schlecht, aber auch nicht zu gut im Futter stehen.

Das Rennen ist mörderisch. Zirka 40° im Schatten. 30 Kilometer Distanz. Die kleinen, zottigen, aber ausdauernden Tiere bewältigen diese Strecke in einem kaum vorstellbaren Tempo. Sie kämpfen freiwillig. Wir standen etwa zwei Kilometer vor dem Ziel. Was wir sahen, läßt bei europäischen Tierschützern Spaß und Freude am Nadam-Fest schwinden. Die Pferde liefen wie in Trance. Die Kinder schlugen erbarmungslos mit der Peitsche auf sie ein. Richtige Schmerzen konnten sie dem Tier nicht zufügen. Dazu waren sie nicht kräftig genug. Aber das Pferd wurde durch die Schläge zu immer weiteren Anstrengungen ermuntert. Wenige Meter vor uns stürzte eines der Pferde zu Boden. Es hatte sich nur noch taumelnd vorwärts bewegen können. Der vielleicht siebenjährige Reiter rollte ab und begann sofort, das röchelnde Tier mit Peitsche und Fußtritten zu bearbeiten. Erwachsene halfen ihm dabei. Gongor war hoch empört. Nein, nicht weil sie das Pferd traten, schlugen und zerrten, sondern weil niemand ein Messer nahm und ihm Ohren und Nase aufschlitzte. „Das", so Gongor, „muß sein, weil das Pferd nur dann eine Chance zum Überleben hat. Das Blut muß aus dem Kopf." Eine Lebenserfahrung der Araten, sagte er, und es klang bitter.

Abends zunächst zwei Überraschungen. Die erste: Der Hoteldirektor Baatartchulun Wanchinhuu und seine Gattin, Frau Zerenchimid, gaben einen Empfang für uns, eigentlich mehr einen für meinen Freund Petry. Der Hotelchef und er kennen sich von früheren Reisen. Petry und Andreas Hengst waren 1989 Gast in seinem Haus. Es war eine Jurte im Jurtenviertel Ulan Bators. Damals war Baatartchulun Wanchinhuu noch Graphiker und Illustrator. Einer der begabtesten dazu. Wie er Hotelchef wurde? Ganz einfach. Als Graphiker lebt man nicht gut in einem Land, das den „Abklatsch amerikanischer Comics" als eine Art Kulturrevolution ansieht.
Der Empfang fand in einem kleinen Festsaal statt. Gongors Töchter Hulan und Bolorma, sein Schwiegersohn Mönchbayr und der Chef des Buchgroßhandels „Mongol Nam", Zedendorchin Gontchig, nahmen als Gäste teil. Gontchig kannten außer Petry auch Lehmann, Haft und Ellmers von den Buchmessen Europas. Sein offizieller Titel ist „Generaldirektor". Gontchig handelt nicht nur mit Büchern. Textilien, Schreibwaren, Porzellan, Folkloreartikel, Elektronik gehören dazu. Ein geschickter Kaufmann, reich – nicht

nur für mongolische Verhältnisse. Er gehört zu den Gewinnern der Wende. Der Graphiker und heutige Hotelchef Baatartchulun Wanchinhuu ebenfalls. Bei Petrys letztem Besuch in der Mongolei, im September 1989, arbeitete der erstere als Lagerverwalter. Das Lager befand sich in einem alten, nicht mehr nutzbaren Zirkusgebäude. Der zweite war in seiner Hauptbeschäftigung verantwortlich für Schaufensterplakate. Gontchig besitzt heute neben seinem Buchgroßhandel einige neu erbaute Häuser in bester Geschäftslage von Ulan Bator. Der bescheidene, sehr ruhig wirkende Hotelchef gehört weniger zu den Durchreißern. Doch das Hotel hält Vergleichen mit europäischen Häusern stand. Küche und Keller sind mongolisch geblieben. Das betonte Baatartchulun Wanchinhuu in seiner Begrüßungsrede mehrfach. „Hotelmanager kann man in der ganzen Welt kaufen.“ Beweise dafür gab es auch in Ulan Bator mehr als genug. Er sah seine Aufgabe vor allem darin, in diesem Haus den Gästen nicht irgend ein Hotel zu bieten, sondern ein mongolisches. Mit Speisen, die die Mongolen zu ihren Festen zubereiten. Mit Getränken, die echte Produkte des Landes sind. Auch das Wasser und das Bier. Mongolische Graphiken verschönen das ganze Hotel, nicht nur die eigenen.
Seine Begrüßung war herzlich, er empfing private Gäste. Das sah und spürte man. Eine wunderbare Atmosphäre, einer der schönsten Abende der Reise. Da der Chef des Hotels, unser Gastgeber, Freund und Künstler einen privaten Empfang für Freunde gab, will ich das respektieren und hier enden.

## Zum Altansulan-Somon

Am späten nächsten Morgen – oder sagen wir besser Mittag – hatte sich unsere Reisegruppe vergrößert. Generaldirektor Gontchig hatte einen bequemen Ford (Kleinbus) bereitgestellt. Er begleitete uns auf dieser – gemessen an der Landesgröße – nicht allzu weiten und langen Reise. Gongors Schwiegersohn Mönchbayr schloß sich uns an. Er wollte die für ihn günstige Gelegenheit nutzen und seine bereits beachtlichen Deutschkenntnisse auffrischen. Studiert hat er Germanistik in Berlin und Leipzig.

Die Reise ging zu Gongors Onkel, dem berühmten und für Gongor wichtigen Viehzüchter Ragtchaa Lampringin, der seine Jurte zur Zeit irgendwo im Altansulan-Somon aufgeschlagen haben soll. Dieser Viehzüchter pflegt einen Teil von Gongors privater Herde. Pferde und Schafe. Berühmt ist er im Land, weil aus seiner Zucht zwei Hengste das Nadam-Fest gewonnen haben. Und aus dieser Blutlinie besitzt auch Gongor einen Hengst. Er heißt „Sturmwind", so erfuhren wir später. Als wir kamen, wurde er gerade für das Nadam-Fest 1998 trainiert. (Inzwischen weiß ich, daß der Hengst ein Flop war. Er kam unter „ferner liefen" ein und wurde kein neues Ruhmesblatt für Ragtchaa Lampringin.) Für den ersten Sieg seines Hengstes hatte er übrigens – noch aus der Hand Jumdshagiin Zedenbals – den Orden „Verdienter Viehzüchter des Volkes" erhalten. Berühmt wurde er dadurch weniger als durch den Hengst. Vermögend wohl noch später. Da kannten im grünen Grasland den Namen Zedenbal nur noch wenige. Und noch weniger wollten ihn kennen.

Etwa 80 Kilometer südlich von Ulan Bator trafen wir auf etwas für die Mongolei sicher Neues. Ein von Japanern für Japaner errichtetes Camp in einem zauberhaften Tal mit Blick auf die grünen Hügel der sich sanft und scheinbar unendlich nach Süden hin ausbreitenden Steppe. Eine den Prachtjurten nachempfundene, der Landschaft angepaßte Architektur. Mehrere miteinander verbundene Häuser. Koppeln für Reitpferde, Jeeps japanischer Bauart, sehr gepflegte Anlagen. Bäume, wo eigentlich keine sein dürften. Mit Wasser wurde also nicht gespart. Alles eingezäunt mit einem mindestens 2,30 Meter hohen Stahlmaschenzaun. Ob das Camp auch Europäer oder gar Mongolen aufnimmt, war nicht zu ermitteln. Gongors Schwiegersohn meinte, daß die Vermarktung der Natur eine wirtschaftliche Möglichkeit für die Mongolei sei. Viel ist dagegen nicht zu sagen. Ob es die Japaner in Massen in diese einsame Gegend ziehen wird, ist zumindest ein wenig unsicher.

Die Piste war eben, die Wagen kamen gut voran. Wie die Mongolen das machen, weiß ich nicht, und auch den anderen scheint sich das Geheimnis des „Wegfindens" nicht erschlossen zu haben. Jedenfalls wurde der Jurtenplatz Ragtchaa Lampringins nach über 300 Kilometern, in sechs Stunden Fahrzeit und nach zahllosen Pistenwechseln gefunden. Ohne einmal zu fragen, ohne Karte und ohne Wegzeichen. Zumindest keine für uns erkennbaren.

Die Begrüßung war herzlich. Ragtchaa hatte ein blaues Tuch über den Händen und übergab es Gongor. Generaldirektor Gontchig stammte aus dieser Gegend. Er erhielt ein gelbes Tuch. Ob die Farben etwas zu bedeuten haben, konnte ich immer noch nicht ermitteln. Die Hammel waren geschlachtet, und das Festmahl begann in der bereits geschilderten Art. Wir waren müde von der Feier am Vorabend und von der Fahrt. Auch unsere Gastgeber respektierten das. Die Zelte wurden aufgebaut, und alle schlafen tief, fest und lange. Am nächsten Morgen war es fast 10.00 Uhr, als wir wieder unter den Lebenden weilten.

Die Söhne Ragtchaa Lampringins zeigten uns die berühmten Nadam-Siegerhengste. Es waren zwei Brandfüchse. Die beiden waren verwandt. Großvater und Enkel, wenn ersterer auch noch jung war. Der Großvater war zwölf Jahre alt, der Enkel sechs. Kein Nadam-Sieger wird ein zweites Mal ins Rennen geschickt. Das könnte seinen Ruhm und damit seinen Wert zerstören. Beiden sah man ihre Leistungsfähigkeit nicht an. Sie waren eher klein als mittelgroß, kräftig, muskulöse Brust, mit fast weißer Mähne und langem, peitschendem Schwanz. Sie kannten offenbar ihren Wert, denn sie nahmen die Anerkennung der Mongolen wie unsere gelassen entgegen.
Dann wurden uns die Pferde mit dem LKG-Brandzeichen vorgeführt. 15 sind es inzwischen. Sie sind Bestandteil von Gongors Herde. Ein Leithengst wachte eifersüchtig über sie und gab uns deutlich zu erkennen, daß er unsere Anwesenheit nur duldete. 1989 hatte Ragtchaa Lampringin Jürgen Petry und Andreas Hengst (Finanzchef im LKG) sechs Stuten geschenkt. Eigentlich sollten sie nach Pötzschau gebracht werden. Gemessen an deutschen Größenordnungen ist der Grundbesitz des Unternehmens sogar unbescheiden. Die Pferde sollten als eine Art Rasenmäher gehalten werden. Petry und Hengst konnten sich nicht annähernd vorstellen, was für bürokratische Hürden genommen werden müßten, bis man Pferde – und noch dazu mongolische –

nach Deutschland einführen konnte. Sie gaben entnervt auf und schickten einfach ein Brenneisen in die Mongolei. Das war so auch besser. Zumindest für die Pferde.

Dann zeigte uns Gongor seinen Hengst aus der Nadam-Siegerlinie. Er war das schönste Pferd, das wir in der Mongolei gesehen haben. Zweieinhalb Jahre, ein Schimmel. Groß für mongolische Pferde. Munter und kämpferisch, mit Feuer in den Augen. Daß er ein Flop im Rennen werden könnte, war nicht zu erahnen. Er bewegte sich, als berührten die Hufe die Erde nicht. Hier jedenfalls sah er bereits wie ein Nadam-Sieger aus. Welchen Eindruck er heute macht, weiß ich nicht.

Als wir zu den Jurten zurückkehrten, erwarteten uns wieder zwei Überraschungen. Die erste: Frau Darima hatte für Ute Haft und Jürgen Petry, den „Ehrenmongolen“, je einen Deel gestickt. Die wurden den beiden jetzt stell-

Die „dazugekommenen“ LKG-Pferde, noch ohne Brandzeichen. Rechts Rolf Elmers mit seiner neuerworbenen Stute „Morgentau“. Dem Hengst, den Ute Haft reitet, steht noch die Kastration bevor.

vertretend für alle überreicht. Dazu zwei Pferde. Eine dunkelbraune Stute für Jürgen Petry und einen Falbenhengst für Ute Haft. Der allerdings würde kastriert werden. Die stolze Besitzerin bat den verblüfften Ragtchaa Lampringin, ihn vor der Kastration zumindest einmal eine Pferdehochzeit vollziehen zu lassen. Mit solch einem Wunsch war sicher noch niemand an den berühmten Züchter herangetreten. Und wenn doch, dann keine Frau. Er versprach es, hörte aber nicht auf, sich zu wundern. Die Pferde erhielten das LKG-Brandzeichen und wurden in die Herde eingereiht.

Die zweite Überraschung war eher tragisch. Zwei Enkel Ragtchaa Lampringins kamen in Begleitung Erwachsener vom Nadam-Fest zurück. Nicht vom großen in Ulan Bator, sondern von einem zweitrangigen aus der Aimakhauptstadt. Beide sind fünf Jahre alt. Beide haben am großen Rennen teilgenommen. Das Mädchen hat den vierten Platz belegt. Das ist ehrenvoll, denn die ersten zehn werden gefeiert. Der kleine Junge ist vom Pferd gestürzt. Niemand bei uns kann sich vorstellen, was das für einen kleinen Mongolenjungen bedeutet. Er stürzt vom Pferd. Das Pferd läuft allein ins Ziel und belegt den zweiten Platz. Auch das Solopferd wird gewertet. Dahinter steht für ewige Zeiten der Name des Reiters mit dem Zusatz: „gestürzt". Ein Plus für den Züchter. Aber der Kleine durchlebt ein unvorstellbares Drama. Niemand macht ihm Vorwürfe. Alle sind lieb zu ihm. Jeder versucht ihn zu trösten, wo es nichts zu trösten gibt. Er ist vom Pferd gefallen. Ein mongolischer Junge. Nicht einmal verletzt ist er. Als der Großvater ihn vom Wagen hebt, bricht alles aus ihm heraus. Er versucht zu erklären und dann schluchzt er nur noch. Seine Eltern tragen ihn in die Jurte, wie ein Häufchen Unglück. Er wird nie mehr an einem Nadam-Ritt teilnehmen. Nicht weil er nicht darf, sondern weil die Furcht vor einem zweiten Mißerfolg viel zu tief sitzt. Das alles trübt die Stimmung und auch die Freude seiner Nichte über den guten Platz.

Plötzlich hatte Ellmers eine Idee. Er will zwei Pferde kaufen, sagt er zu Ragtchaa Lampringin. 250 Dollar will er dafür bezahlen. Ein gutes Geschäft für den Mongolen als Züchter. Eine Verlegenheit für ihn als Gastgeber. Er weiß nicht, ob es richtig ist, einem Gast Pferde zu verkaufen, die der gar nicht mitnehmen kann. So etwas ist noch nie vorgekommen, so lange er denken kann, sagt er. Ellmers macht es dem Zögernden leicht. Wenn Ragtchaa ihm die Pferde nicht verkauft, kauft er sie eben von Gongor oder gar von Petry. Beide hätten sicher weniger Bedenken. Das kann ein Pferdezüchter nun doch nicht zulassen. Geschäft ist schließlich Geschäft – und warum nicht mit einem Gast? Ellmers erhält zwei Stuten mit je einem Fohlen. Also vier Pferde für zwei bezahlte. Lehmann grinst. „Vergessen Sie nicht, ihm Futtergeld abzunehmen. Stellen Sie sich vor, jeder Deutsche brächte hier einfach seine Mähren auf die Weide. Bald wäre kein Platz mehr für das mongolische Vieh." Ellmers zückt bereits erneut die Brieftasche. Für ihn ist das nur konsequent. Doch das ist zuviel für Ragtchaa Lampringin. Verkaufen, das geht in Ordnung. Er kann schließlich dem Käufer nicht vorschreiben, was er mit seinen Tieren macht. Aber Futtergeld, so etwas habe er noch nie gehört, meint er kopfschüttelnd. Glücklicher Ragtchaa Lampringin. Er weiß noch nicht viel über das Übliche in der Marktwirtschaft. Aber einen gewichtigen Schritt dorthin hat er heute getan. Er hat einem EU-Bürger etwas verkauft, was er gar nicht liefern muß – und das ohne vorherige Schulung. Das ist ein guter Anfang. Alle sind zufrieden.

Die Abschiedszeremonie dauerte heute länger. Es wurde später Nachmittag, als wir die Reise nach Ulan Bator antraten. Es war zugleich ein Abschied von der Steppe und von Freunden. Wahrscheinlich sehen wir sie nie wieder. Das stimmte wehmütig, und die Fahrt verlief schweigend bis zum Fluß Tuul. In einer Flußbiegung des breiten, jetzt aber wasserarmen Flusses schlugen wir unsere Zelte auf. Gongor riet von einem erfrischenden Bad – 300 Kilometer unterhalb von Ulan Bator – ab. Niemand hielt sich daran. Allzu lange waren wir dem Staub der Steppe ausgesetzt, und der Fluß machte – gemessen an europäischen Verhältnissen – einen recht vertrauenserweckenden Eindruck. Wir bauten die Zelte auf. Danach sammelten wir Schwemmholz. Bald prasselte ein Lagerfeuer, in dem wir an Weidenstöcken gewürztes Hammelfleisch brieten. Dazu wurde Airak getrunken, der übrigens täglich besser schmeckte. Ein wunderbarer Steppenabend. Sieht man von uns als Lärmquelle ab, lag eine tiefe Stille über dem Land. Es wurde kühl. Die Sicht, weder durch Wolken,

Dunst oder Autoabgase getrübt, ging ins scheinbar Unendliche. Die untergehende Sonne färbte das grüne Grasland gelb, dann rot, bis es schließlich dunkelte und Nacht wurde. Kein Laut war zu hören, außer dem Plätschern des blauen Tuul und dem Knistern und Zischen im Feuer, wenn Fett hineintropfte oder Käfer von der Hitze zerplatzten. Gongor stimmte ein schwermütiges Lied an. Die Mongolen waren heute in der Überzahl. Sie fielen nacheinander ein. Jeder kannte den Text. Auch von allen folgenden Liedern. Sie sangen für uns zum Abschied. Wir wurden nicht aufgefordert, gleiches zu tun. Das war die Höflichkeit der Gastgeber. So kamen wir nicht in Verlegenheit, einen von allen beherrschten Text finden zu müssen.

## Abschied

Am nächsten Abend waren wir wieder in Ulan Bator. Im Hotel unseres Freundes, des mongolischen Graphikers Baatartchulun Wanchinhuu wurden wir freundlich empfangen.

Am Morgen besuchten wir das große Lama-Kloster in Ulan Bator. An Missionierungsversuchen hat es den Mongolen wahrhaftig nicht gemangelt. Auch die katholische Kirche ließ es an Bemühungen nicht fehlen. Erfolg hatte sie nicht. Zu Beginn des 16. Jahrhunderts nahmen zunächst einige Fürsten, und in der Folge davon auch ihre Clans, in der Südmongolei den aus Tibet kommenden Lamaismus an. Der breitete sich im Verlauf von etwa 100 Jahren über das ganze Land aus. Schrittweise verlor die Schamanenreligion an Bedeutung. Das Mongolenvolk wurde dadurch ruhiger. Fürst Abatai Khan ließ 1586 in der Nähe der früheren Hauptstadt Karakorum ein Kloster erbauen, das den Namen „Erdene Zuu“ erhielt. Der Lamaismus in der Mongolei verlief wechselvoll. Seinen Höhepunkt hatte er wohl im 17. Jahrhundert, als fast alle Mongolen den Glauben annahmen. Der Niedergang setzte dann Ende des 19. Jahrhunderts ein. Nach dem Tode des letzten Bogdan, im Jahre 1924, wurden die Lamas, es sollen damals über 40 % der männlichen Bevölkerung gewesen sein, von den Kommunisten als „Parasiten“ im eigenen Volk zu denunziert. Sie wären vor allem Träger und Überträger der damaligen mongolischen Volkskrankheit Syphilis. Sie wurde damals auch als „mongolische Krankheit“ bezeichnet. Zunächst passierte nicht viel. Doch als die Stimmung reif dafür war, kam es in den Jahren 1936–1938 dann wohl auch zu Massenexekutionen, die bis heute nicht aufgeklärt sind.

Später, unter der Regierung Jumdshagiin Zedenbals, wurde das im Jurtenviertel von Zuumod gelegene neue Kloster zu einem Aushängeschild für die „religiöse Toleranz“ der sozialistischen Mongolei. Das war politisch gewollt. Nachbar China brachte sich in dieser Zeit durch andere Verhaltensnormen ins Weltgespräch. Das Kloster wurde in den siebziger Jahren eine der wichtigsten lamaistischen Religionsschulen der Welt. Es konnte seine Stellung nach der Wende halten. Es ist natürlich auch eine Touristenattraktion (leider, muß man fast sagen), ständig geöffnet und auch für Nichtmönche und deren religiöse Übungen ganzjährig nutzbar. Kaum jemand kann sich dem Ernst und Zauber der meditierenden Mönche und Klosterschüler entziehen. Für alle – außer Jürgen Petry – war es die erste Begegnung mit dem Lamaismus, und es war zumindest für mich der prägendste Eindruck der ganzen Reise.

Einige der Mönche boten auch besondere Dienstleistungen in den Vorhöfen des Klosters an. Wir gingen an einem alten, im Schatten einer großen Kiefer auf einem Stein sitzenden und von Schülern umgebenen Lama vorbei. Dieser gab einem der Schüler oder Zuhörer ein Zeichen. Zielgerichtet ging dieser auf Jürgen Petry zu und bat ihn, einen Moment zu seinem Herrn Meister (Übersetzung durch Gongors Schwiegersohn Mönchbayr) zu kommen. Petry ging – zögernd zunächst – hin. Das sich daraus ergebende Gespräch habe ich weitgehend wörtlich nach Mönchbayrs Übersetzung mitgeschrieben:

| | |
|---|---|
| Der Lama: | „Ich freue mich, Sie im Kloster zu sehen.“ |
| Petry: | „Ich bin gern hier und besuche diesen Ort der Stille jedes Mal. Es ist gut, das zu dürfen.“ |
| Der Lama: | (ihn lange anblickend) „Sie sehen krank aus, mein Herr. Ist es Ihr Herz? Ihre Augen sind müde.“ |

| | |
|---|---|
| Petry: | „Ja! Das stärkste ist es nicht, und die Hitze macht mir ein wenig zu schaffen. Die Steigungen auch." |
| Der Lama: | „Geben Sie mir Ihre linke Hand." |
| Petry: | (zögernd) „Nur, wenn Sie mir sagen, was Sie sehen." |
| Der Lama: | „Sie müssen nicht. Ich bin kein Wahrsager." |
| Petry: | (die Hand reichend) „Davon bin ich überzeugt." |
| Der Lama: | (nimmt die Hand und betrachtet sie lange) „Ihre Lebenslinie ist sehr lang. Sie werden drei Sommer über Ihren Geburtstag leben." |
| | (Hier fügt Gongors Schwiegersohn Mönchbayr ein, daß die Mongolen nur den achtzigsten Geburtstag feiern. Alle anderen aber nicht. Demnach heißt das, Petry wird 83 Jahre alt.) |
| Petry: | „Ich danke Ihnen." |
| Der Lama: | „Nicht mir. Ich habe auch nur von Ihrem Herzen gesprochen. Es wird so lange halten. Ob Sie an einem Verkehrsunfall sterben oder im Krieg, das kann ich nicht sehen. Aber schonen Sie es trotzdem. Trinken Sie mehr Wasser. Jeden Morgen ein Glas und nehmen Sie die Medikamente, die es in Deutschland gibt." (Er setzt sich zurück.) |
| Petry: | (offenbar beeindruckt) „Vielen Dank für Ihre Worte. Kann ich etwas für Sie tun?" |
| Der Lama: | „Für mich nicht. Tun Sie etwas für das Kloster, wenn Sie möchten. Ich selbst brauche nichts." |

Petry ging, sich verneigend, zum Kloster zurück.
Ich streckte dem Lama meine Hand entgegen und bat ihn, auch mir wahrzusagen. Mönchbayr übersetzte. Der Lama schob sie beiseite und wendete sich wieder seinen Schülern zu, ohne zu antworten. „Ihr Gesicht sagt ihm vielleicht nichts", meinte Mönchbayr. „Na schön", antwortete ich. „Aber Petrys Gesicht kenne ich seit seinem sechsten Lebensjahr, und ich kann nicht behaupten, daß es mir je etwas gesagt hätte. Nicht einmal nichts sagt es mir." „Sie sind auch kein Lama", sagte Mönchbayr lachend. Als Petry zurückkam, fragte ich ihn,

was er auf des alten Schamanen Geschwätz hin so locker gemacht habe. „Nicht viel“, sagte der. Dann fuhren wir zum Palast des Bogdan. Die Palastanlage war beeindruckend. Am Fluß Tuul, in dem kühlen und zugleich windgeschützten Flußtal, am Rande des alten Urga angelegt, direkt am Fuße der steil aufragenden Berge. Heute befindet sich in unmittelbarer Nähe eine relativ verkehrsreiche Straße. Das nimmt dem Ort viel von seinem Frieden. Ein hoher Holzzaun verhindert die Einsicht und auch das Eindringen unerwünschter Gäste. Die Außenanlage leidet auch unter den zahllosen Händlern, die vom beinernen Tabakdöschen bis zum Yakfell alles verkaufen, was Touristen interessieren könnte.
Den Palast selbst erreicht man durch eine Reihe von Vorhöfen, durch kunstvoll geschnitzte, böse Geister abwehrende, reich verzierte Tore. Er selbst ist ein – aus unserer Sicht – eher sachliches mittelgroßes Bauernhaus. In ihm lebte der sehr alt gewordene, in den letzten Lebensjahren blinde Bogdan mit Ehefrau und einer recht bemerkenswerten Zahl von Konkubinen und Dienern bis zu seinem Tod im Jahre 1924 als Gottkaiser. Die Palastanlage besteht aus zahlreichen Nebengebäuden, die unterschiedlichen Funktionen dienten (Gästehäuser, Wachen, Dienerschaft, Gebetsstuben, Harem, Göttersitze u.a.m.). In diesem Palast sind nur Teile der ursprünglichen Ausstattung erhalten. Die Wirren der mittleren dreißiger Jahre gingen auch an diesem Erbe der mongolischen Kultur nicht spurlos vorüber. Das Gerettete spiegelt immerhin einen bleibenden Eindruck vom ursprünglichen Glanz dieses Fürstenhofes am Ende der Welt wider.

Der Abschluß unserer Reise war einem „Prasdnik“ – einem Fest – der mongolischen Buchhändler für ihre Freunde aus Deutschland vorbehalten.
An diesem Nachmittag ging über Ulan Bator ein beinahe tropischer Platzregen nieder. So etwas kommt in dem trockenen Land ganz selten vor. Wenn es aber passiert, dann sind alle Himmelsschleusen geöffnet. Der Regen dauerte nicht viel länger als zwei Stunden. Danach war Ulan Bator eine andere Stadt. Straßen standen knöcheltief unter Wasser, Schleusen verwandelten sich in gurgelnde Wasserblasen, die Keller der Neubauten liefen voll, und die Jurten-

siedlungen am Fuß der Berge wirkten wie Bootsanlegeplätze am Rande eines riesigen Sees. Die größte Veränderung war mit dem in dieser Jahreszeit aus kümmerlich dünnen Rinnsalen bestehenden Fluß Tuul vor sich gegangen. Die von den Bergen zuströmenden, sonst ausgetrockneten Gebirgsflüsse hatten ihn in wenigen Minuten zu einen gelbbraunen majestätisch dahingurgelnden, bedrohlich wirkenden Strom gemacht. Seine Breite drohte auszuufern. Er wird von keinem Damm reguliert. Überall heulten Sirenen, der Verkehr war zusammengebrochen. Hektik. Nur die Kinder waren glücklich. Für zwei bis drei Stunden war Ulan Bator eine „Stadt am Meer" – besser „im Meer". Dann war alles so plötzlich vorbei, wie es gekommen war. Das Wasser floß ab, die Straßen trockneten, in den Parkanlagen hielten sich die Pfützen. Der Fluß Tuul kroch in sein Bett zurück. Einige Schafe und Rinder hatten nicht schnell genug fliehen können. Sie waren Opfer der kurzen Majestät des Tuul geworden. Die Stadt wirkte frisch, ein kühler Wind kam von den Bergen. Keine Schwüle, keine Mückenschwärme, dafür eine laue, vom leichten Wind gefächelte Abendluft.

Ein Opfer war auch das von den Buchhändlern geplante „Prasdnik" am Tuul oberhalb von Ulan Bator geworden. Schäden gab es nicht, nur die Feier wurde in das Hotel unseres Freundes Baatartchulun Wanchinhuu verlegt. Kein Problem. Alle unsere Freunde waren eingeladen, auch Mandai, meine stille Verehrung.

Gontchig Zedendorchin hielt eine Festansprache:

„Die vor über zwei Jahrzehnten begonnene, unkonventionelle Zusammenarbeit zwischen deutschen und mongolischen Buchhändlern schließt hier ihren Kreis", sagte Gontchig. „Ein guter Zufall hat Petry und seinen Studienfreund Weiss aus Rostock 1972 in unser Land gebracht. Wir wurden Geschäftspartner und später Freunde. Viele unserer Mitarbeiter kamen dadurch nach Deutschland, einige deutsche Kollegen auch zu uns. Heute treffen wir uns auf Messen in Europa oder zum 'Prasdnik' in Ulan Bator." Er lachte. „1992 schenkte Petry unserem Freund Gongor eine Druckerei. Den Grundstock bildete die Hausdruckerei des LKG – Leipziger privatisierte Druckereien stockten auf. Das war uns eine große Hilfe. Daraus entstand eine gute Druckerei

in Ulan Bator. Ein mittelständisches Unternehmen im Besitz unseres Freundes Gongor.“ Die Buchhändler klatschten Beifall. „Ein mongolischer Verlag auch und zehn feste Arbeitsplätze. Mehr als das Geschenk schätzen wir den Zeitpunkt, zu dem es gemacht wurde. Als der LKG selbst und auch unser Freund noch einer ungewissen Zukunft im Nachwendedeutschland entgegensah. Er vergaß seinen Freund am anderen Ende der Welt nicht. Das werden wir nicht vergessen. Wir freuen uns, daß Ihr hier seid. Danke.“
Gongor erzählte die Geschichte vom Aufbau der Buchhandlungen 1972: „Die Einrichtungsgegenstände wurden von Leipzig nach Ulan Bator mit Containern und der Bahn auf den Weg gebracht. Sie passierten notwendigerweise auch Polen und die Sowjetunion. Auf dieser Reise kamen einige der Brudervölker auf die Idee, den Inhalt der verplombten Container zu prüfen. Verwendbar ist alles. Ein Mißgriff nicht zu befürchten. Also nahmen sie sich auch davon das eine und das andere. Für uns ließen sie auch etwas. Schließlich waren wir Verbündete. Wäre es dabei geblieben, hätten sich die Probleme in Grenzen gehalten. Es blieb nicht dabei. Die Container kamen auf dem Güterbahnhof von Ulan Bator an. Dort warteten schon die beiden deutschen ‘Spezialisten’, Lothar Rauscher und Dieter Welkert. Der Zoll stellte fest, daß die Stückliste mit den gelieferten Mengen nicht übereinstimmte. Das veranlaßte ihn, die Lieferung ‘bis zur Klärung’ nicht frei zu geben. Die Spezialisten Rauscher und Welkert warteten. Wir hielten Nachtwache. Der verbliebene Teil mußte vor den Bedürfnissen – diesmal der mongolischen ‘Freunde’ geschützt werden. Wer weiß, wie lange das gedauert hätte. Ein plötzlicher Regen, ähnlich dem heutigen, brachte die Klärung. Lothar Rauscher war Chef einer Tischlergenossenschaft. Er kannte hartes Rechnen. Als Nichtgenosse kannte er keine Parteidisziplin. Also meldete er sich mit mir am nächsten Morgen beim DDR-Botschafter Zöllner. Rauscher erklärte, Zöllner hörte zu, schüttelte den Kopf. Rauscher erklärte wieder. Zöllner dachte nach. Probleme hatte er wenige in unserem Land. Jetzt gab es eins. Eine Flasche mußte entkorkt werden. Das übernahm ich. Außerdem durfte er in dringenden Fällen die Telefonnummer Jumdshagiin Zedenbals benutzen. Nach zwei Stunden erschien dem Botschafter das Problem dringend genug.

Die beiden Herren aus dem kleineren Teil Deutschlands haben dann aus diesen Fragmenten mit Säge, Hobel, Farbe und Schrauben eine Einrichtung zu bauen begonnen. 'Jeder Zoll ein Stück deutscher Wertarbeit', sagte unser damaliger Kulturminister Borondai in seiner Eröffnungsrede."

Die Buchhändler aus Ost und West und Fernost erfreuten sich an Erinnerungen – und am Archi auch. Mir wollte er nicht schmecken. Ich trat auf den Balkon und blickte über die abendliche Stadt. Noch vor drei Wochen hatte ich kaum mehr als die Lage dieses Landes gekannt. Jetzt erfaßte es mich mit all seinen Problemen, seiner unsicheren Zukunft und seiner heute noch herben Schönheit. Würde es das, was wir gesehen und erlebt hatten, in zehn oder zwanzig Jahren noch geben? Ein Nomadenvolk mit hoher Bildung? Freundliche, unkomplizierte, starke Menschen? Oder werden sie das Schicksal ihrer Vettern im Norden der USA teilen? Fremde im eigenen Land zu sein, gefüttert mit Brosamen der Konzerne. Die werden es nach Bodenschätzen durchwühlen und Schritt für Schritt in unbewohnbare Wüsten umwandeln. Die Bewohner ruhig gestellt mit Archi, produziert in den USA, in Japan oder gar Deutschland? Und das alles vor den Augen einer Welt, die sich zivilisiert nennt!
Ein weicher Arm schob sich unter den meinen. Mandai legte ihren Kopf an meine Schulter. „Du bist traurig, Freund Horst?"
„Ja, traurig. Auch, weil ich Dinge kommen sehe, die ich nicht ändern kann."
„Die sehe ich auch. Und ändern kann ich sie auch nicht."
„Bist Du verheiratet?"
„Ja."
„Glücklich?"
Sie antwortete nicht, löste sich aber auch nicht.
„Du bist eine sehr schöne Frau."
„Ich weiß, man sagt es mir oft. Vielleicht ist es sogar wahr."
„Warum gehst Du nicht weg von hier?"
„Wohin soll ich gehen? Ich gehöre hierher."
„In Deutschland würdest Du besser leben."

Sie lachte. „Als was? Ich kenne Mädchen, die aus Europa zurückgekommen sind. Unser Volk ist nicht sehr tolerant mit solchen. Sie haben es schwer."
„Ich würde Dich lieben."
Sie lachte wieder. „Deine Frau mich auch?"
Ich wollte antworten. Sie legte mir ihren Finger auf den Mund. „Sei still, noch einen Moment, dann gehen wir feiern."

Am nächsten Morgen fuhren wir zum Flughafen Ulan Bator. Dort passierten wir nicht den Zoll, sondern wir wurden in die VIP-Loge geführt. Ein Tisch war gedeckt mit Brot, Hartkäse und Archi – mit blauem Etikett (der bessere des guten). Einer der Flughafenchefs, ein Freund Gongors, gab sich die Ehre, die Gäste aus Deutschland zu verabschieden. Reden wurden wenige gewechselt. Gongor trank mit uns den Abschiedstrunk, wie es üblich ist im grünen Grasland, wenn Familienmitglieder oder Freunde eine weite, ungewisse Reise unternehmen.